象棋
实用布局
大全

聂铁文 编著

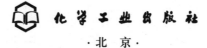
化学工业出版社

·北 京·

图书在版编目（CIP）数据

象棋实用布局大全 / 聂铁文编著 . — 北京：化学
工业出版社，2025.2. — ISBN 978-7-122-46996-0

Ⅰ . G891.2

中国国家版本馆 CIP 数据核字第 2025Q13M33 号

责任编辑：杨松森　　　　　　　　装帧设计：孙　沁
责任校对：宋　夏

出版发行：化学工业出版社（北京市东城区青年湖南街13号　邮政编码100011）
印　　装：大厂回族自治县聚鑫印刷有限责任公司
710mm×1000mm　1/16　印张12½　字数200千字　2025年3月北京第1版第1次印刷

购书咨询：010-64518888　　　　　售后服务：010-64518899
网　　址：http：// www.cip.com.cn
凡购买本书，如有缺损质量问题，本社销售中心负责调换。

定　　价：59.80元　　　　　　　　　　　　　版权所有　违者必究

前　言

　　象棋作为中国传统的益智游戏，集文化、艺术、竞技、娱乐属性于一身，有着深厚的群众基础和广泛的参与度。时至今日，各种级别的象棋比赛遍地开花，实力较为出色的象棋爱好者不仅可以通过顶级赛事欣赏高手的精彩对局，也有机会亲自参与到各种公开赛中与高手们同场竞技。在这个过程中，大部分爱好者在面对职业高手时，常常在布局阶段就已落入困境，刚进入中盘便迅速溃败或大势已去。究其原因，是高手对布局的子力调动和战术运用更合理，实战的布局体系也趋于系统化和深入化，这在对弈中往往可以抢占先机。

　　要想把布局下好，首先我们要了解一定的布局基础理论。布局基础理论是前人通过布局变化总结出来的有规律可循的经验和方法，可以帮助我们在开局阶段更好地排兵布阵。其次我们要对各种常见的布局定式、行棋思路以及它们各自的发展方向有一定的理解。最后大家需要通过增加实战经验，在实际应用中加强对布局的认识，建立自己拿手的布局武器库。

　　布局处于一盘棋的起始阶段，其种类繁多且各具特色，笔者结合多年的实战经验，以实用为原则，通过一些典型的例局，尽可能将布局中双方的攻守要点进行较为详细的介绍。希望能对想提高棋艺水平的读者朋友们有所帮助。书中若有不足之处，还望广大读者批评指正。

聂铁文

2025 年 1 月

目 录

第一篇

布局基础

第一章　象棋基本原则与运子要诀

第一节　布局基本原则

在象棋开局布阵的过程中，无论是先手方还是后手方，都要遵循一定的基本原则。布局的基本原则对各种布局变化均具有普遍的指导意义。

一、出动大子，抢占要点

象棋的各兵种之中，车马炮是威力最大的子力，因其行动迅速且攻守能力俱佳，对局势的发展起着决定性的作用，所以这三种子力称为"大子"或"强子"。布局阶段要尽快出动大子并合理占位，才能最大限度地发挥子力的作用，从而与对手相抗衡。

例局1

①相三进五　炮8平5　　②马八进七　马8进7
③炮二平四　车9平8　　④马二进三　卒3进1
⑤兵三进一　马2进3　　⑥马三进四
红方如炮四进五，则炮5进4，马七进五，炮2平6，红方无便宜。
⑥……　　　　　　卒5进1

黑方中路突破，着法积极。

⑦马四进三

红方应改走仕四进五，则卒5进1，兵五进一，马7进5，马四进五，马3进5，车九进一，红方可以抗衡。

⑦……　　　　马7进5　　⑧马三进五

红方兑子失先，而且方便了黑车的迅速出动。不如车一平三出车，伺机三兵过河更有牵制力。

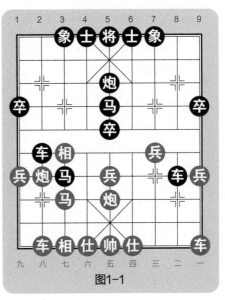

图1-1

⑧……　　　　炮2平5

⑨炮八进二　车8进6

⑩兵七进一　卒3进1

⑪相五进七　马3进4

⑫炮八退一　马4进3

⑬炮四平五　车1平2

⑭车九平八　车2进5

如图1-1，黑车捉死红相，大子占据要津，局面大优。红方着法消极，双车晚出，未能发挥作用，是布局失败的重要因素。

例局2

①马二进三　卒7进1　　②兵七进一　马8进7

③马八进七　车9进1　　④炮八平九　车9平3

⑤炮二进四　马7进6

黑方跃马，不甘被红方炮二平三压制。

⑥车九平八　象3进5　　⑦车八进五

红方进车捉马占据要道，不给黑方顺利兑卒通车的机会。

⑦……　　　　马6进7

黑马吃兵不妥，被红方顺势抢先。应走卒3进1，则炮二平九，马2进4，双方互缠。

⑧炮二平三　　卒7进1　　　⑨车一平二

红方大子均已开展，黑方右翼子力出动缓慢，孤马躁进等弱点已然显现。

⑨……　　　　车3平6　　⑩车二进六　　卒9进1

⑪马七进六　　马2进4　　⑫马六进四　　车6平7

⑬炮九退一

如图1-2，红方大子抢占要道，完全控制局面。现在退炮准备平三加强攻势，着法严厉。

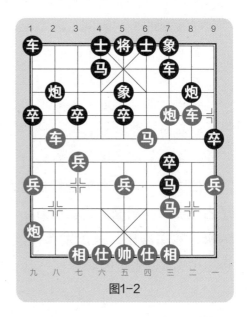

图1-2

⑬……　　　　卒7平6

⑭炮九平三　　马7退6

⑮车八平四　　车7平9

⑯马三进四　　炮8平7

⑰前炮进三

红方子力控制要点，见时机成熟，果断弃子抢攻。

⑰……　　　　象5退7

⑱炮三进八　　士6进5

⑲车二进三　　炮7平6　　⑳马四进六

红方全线压上，黑方难以抵挡，红方胜势。

例局3

①炮二平五　　炮8平5　　　②马二进三

红方跳马正常出动大子，如炮五进四带将吃中卒，则士4进5，马二进三，马8进7，炮五退二，车9平8，红方虽得中卒，但黑车抢先开出，红方不满意。

② ……　　　　马 8 进 7　　　③车一平二　车 9 进 1

红方抢出直车，黑车则选择横出。黑方也可卒 7 进 1 先活马或马 2 进 3 出动右翼子力。

④马八进七　车 9 平 4

黑车占右肋以后可对红方七路马施压，占位更具针对性。

⑤兵三进一

红方进三兵活马，效率颇高。如改走车九进一，虽看似也是出动大子，但横车没有太好的占位可选，以后如车九平四会造成左右失衡，对左翼的安全没有好处。

⑤ ……　　　　马 2 进 3

黑方如车 4 进 5，则炮五平四（亦可马三进四对抢先手），车 4 平 3，相七进五，红方阵形颇具弹性。

⑥兵七进一

红方此时不可马三进四躁进，否则黑方顺势车 4 进 4 捉马，则马四进三，车 4 平 7，马三进五，炮 2 平 5，红方走动四步的马换黑方走动一步的炮，局面失先。

⑥ ……　　　　车 1 进 1

黑方 1 路车选择横线出动是正着！如改走炮 2 平 1，则车九平八，车 1 平 2，炮八进四，车 4 进 3，车二进八！黑方直车线路不畅，双马呆滞，红方可平车捉任意一侧的马，黑方不利。

如图 1-3，布局初见雏形，红方双马皆活，黑方走动的均为大子，双横车通畅，双方各有所得。

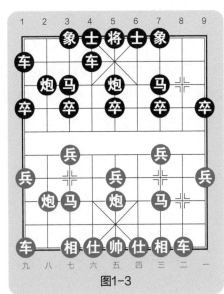

图 1-3

二、平衡发展，制约对手

布局阶段，自己的棋子要平衡发展，这样可以左右呼应，前后不脱节，形成互相保护。要注意不要过多地走动同一个子力，否则会影响其他子力的出动速度。展开自己子力的同时，还要尽量制造出对方的弱点。

总而言之，快速协调出子，同时限制对方子力的展开，是布局阶段双方较量的关键。

例局1

①炮二平五	马2进3	②马二进三	炮2平1
③马八进七	车1平2	④车九平八	车2进6
⑤车一平二	车2平3		

黑方左翼子力未动，右车频繁走动，吃兵压马，违背布局原则，同时暴露出了己方棋形的弱点，不如走马8进9，尚可抗衡。

⑥马三退五　马8进9　　⑦炮八退一

如图1-4，红方右马窝心连环，再退炮攻车，是展开攻势的关键着法。此时黑方弱点很多，形势已岌岌可危，以下我们试演一变。

⑦……　　　车3退2

⑧炮八平七　车3平4

⑨马七进八　车4平3

⑩马五进七　车3平2

⑪马七进六　车2平3

⑫炮五平七　车3平5

⑬前炮进五

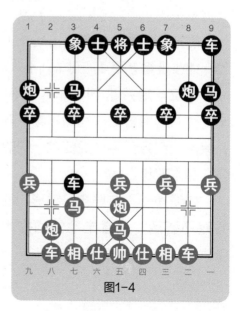

图1-4

红方先手占尽，得子胜势。

例局 2

①兵七进一　炮2平3　　②炮八平五　炮8平5

③马二进三　马8进7　　④车一平二　马2进1

黑方应走卒3进1，破坏红方跳正马的计划，会更有对抗性。

⑤马八进七　车1平2　　⑥炮二进四　车9进1

⑦马七进六　车9平6　　⑧马六进五　马7进5

⑨炮二平五　士4进5　　⑩车二进五　车6进4

⑪车二平六

如图1-5，红方夺取中卒，中
炮连环且车占要道，胜势已成。开
局黑方看似也是正常出动大子，但
局面却陷入困境。原因在于黑方走
子缺乏针对性，没有制约对方的子
力发展，让红方轻松实现了既定的
战略目的。

⑪……　　　　　车2进2

⑫车六进二

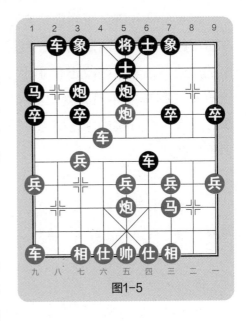

图1-5

红方进车堵塞，已成铁门栓杀
势，黑方认负。以下黑方如接走卒
3进1，则相七进九，卒3进1，相
九进七，车6平3，仕六进五，红方伏车九平六的"铁门栓"绝杀，胜定。

例局 3

①炮二平五　马8进7　　②马二进三　车9平8

③车一平二　马2进3　　④兵三进一　卒3进1

黑方用屏风马布局一般会至少挺起一个马前卒，活通马路，这样局面平衡，阵形具有弹性。黑方此时如象3进5，则兵七进一，士4进5，马八进七，车1平4，炮八平九，炮8进4，车九平八，炮2进4，马三进四，黑方双马呆滞，红方稳占主动。

⑤马八进九

红方进边马避开黑方3卒的制约。

⑤……　　　　卒1进1

黑方进边卒制马，同时1路车可以从边线选择占位，符合布局的棋理。

⑥炮八平七（图1-6）　马3进2

黑方走马3进2可封锁红方左车直出的路线，又能摆脱红方七路炮的威胁，正着！如改走车1平2出直车，则车九平八，炮2进4，车二进六，黑方棋形存在弱点，子力不好展开。

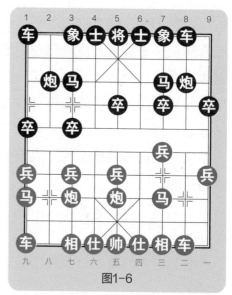

图1-6

⑦车九进一

红方出动横车，左右子力平衡发展。

⑦……　　　　卒1进1

⑧兵九进一　车1进5

⑨车二进四　象7进5　　⑩车九平六

红方也可车九平四掩护三路马出击。

⑩……　　　　炮2平1

黑方平边炮牵制，正着。如随手走士6进5，则炮七退一，红方伏炮七平九打车的手段，黑方骑河车无法立足。

⑪车六进七　士4进5（双方均势）

三、阵形协调，灵活变通

布局时子力合理分布，强子与弱子之间形成相互保护和配合，整体作战时才能发挥出最大的威力。布局的不同阵形各有其特点，没有绝对的优劣之分，但能通过有针对性的选择，布置成克制对方的阵形，从而获得局面上的主动。兵法曰："兵无常势，水无常形。"布局时的战略和战术选择是为具体的作战需求服务的。要懂得灵活运用，争取以己之长，攻彼之短。

例局1

① 兵七进一　卒7进1　　② 炮二平三　炮8平5

③ 马八进七　马8进7　　④ 相七进五　车9平8

⑤ 炮三进三

一般情况下，在布局阶段初期"炮不轻发"，但也要视具体情况来看。红方此时以炮打卒，一方面可以捞取实惠，同时为右马正起腾挪空间，加强对中路的保护。如选择马二进一，则马7进6，仕六进五，双方又是另一种攻防变化。

⑤……　　　马7进6

如图1-7，红方子力占位有所变化，黑方此时马跳河口威力降低。可考虑调整策略走象7进9，则炮三退一，车8进4，黑方利用巡河车来邀兑红方七兵，可以抗衡。

⑥ 马二进三　马2进3

⑦ 兵三进一　炮5平6

黑方中炮没有发展前景，选择平炮调整棋形。

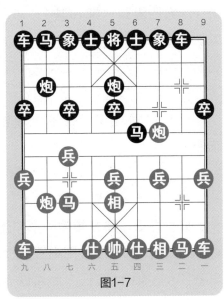

图1-7

⑧炮八进三　象3进5　　⑨炮三进一　马6退7

⑩车一平二

红方子力协调，阵形的攻击潜力很大。此时兑窝车简明，能更好地控制局面。

⑩……　　　　车8进9　　⑪马三退二　车1进1

⑫马二进三　马7退8　　⑬炮三平七　车1平8

⑭车九进一　车8进3　　⑮炮八退一　炮2退1

⑯车九平六　炮2平7　　⑰马三进四　士4进5

⑱马四进六　马8进7　　⑲炮八进一　车8进3

⑳兵三进一（红方大优）

例局 2

①炮二平四　炮2平5　　②马八进七　马2进3

③马二进三　马8进9　　④车一平二　炮8平7

⑤车九平八　车1平2　　⑥炮八进四　卒3进1

黑方进3卒活通右翼，正着！如改走卒7进1，则兵七进一！卒7进1，炮四进五！炮5退1，车二进七，炮7进4，相三进一，红方主动。

⑦车二进五

红车骑河捉卒，是第一攻击选择。

⑦……　　　　车9平8

⑧车二平七　炮5平6

如图1-8，黑方转换阵形，正着！如改走车8进6，则炮四平六，车8平7，相七进五，士4进5，

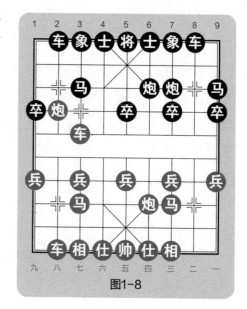

图1-8

兵七进一，炮5平6，马七进六，象3进5，车七平四，红方子力占据要道，占优。

⑨炮四平六　士4进5　　　⑩兵七进一　象7进5

黑方进7象细致，如走象3进5，则车七平四，炮7退1，红方可炮八进一，黑炮不能攻车，红方占优。

⑪车七平四　炮7退1　　　⑫炮八平七　车2进9

⑬马七退八　卒7进1　　　⑭相七进五　卒9进1

⑮马八进七

双方互缠，均势局面。

第二节　布局运子要诀

一、车要通，不立险地

车是三军主力，威力大，行动快。所以布局时要尽快把车开出来，走到线路通畅的位置上，以便快速投入战斗。要注意的是，车的占位要避免被对方攻击。

例局1

①炮二平五　马8进7　　　②马二进三　车9平8

③车一平二　马2进3　　　④兵七进一　卒7进1

⑤车二进六

如图1-9，红方右车越过河界走到黑方卒林线，称为"过河车"，对黑方子力形成压制的态势，占位具有攻击性。

⑤……　　　　　炮8平9　　　⑥车二平三

过河车压马保持对黑方的威胁。双方将以过河车为争夺焦点形成一系列攻防变化。

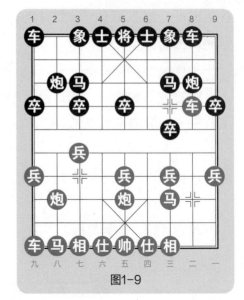

图1-9

⑥……　　　炮9退1

⑦马八进七　　士4进5

⑧炮八平九　　炮9平7

⑨车三平四　　马7进8

⑩车九平八　　车1平2

⑪炮五进四

红方炮打中卒的作用有二：一是可牵制黑方的无根车炮；二是打通卒林线，使车路更畅通。

⑪……　　　马3进5　　⑫车四平五　　炮7进5

⑬相三进五　　炮2进6　　⑭马七进六　　卒7进1

⑮车五平七　　马8进6　　⑯马六进四　　车8进4

黑方车8进4是假先手，以后容易被红方利用。应选择车8进2防守，双方还是对攻之势。

⑰马四进六　　车8平4　　⑱仕四进五　　象7进5

⑲兵七进一　　车4进2　　⑳炮九平六　　炮2退1

㉑马六进七　　车4退5　　㉒马七退八　　炮2平3

㉓兵七平八　　马6进7　　㉔车七退四　　马7退5

㉕车七进四（红方大优）

例局2

①炮二平五　　炮8平5　　②马二进三　　马8进7

③车一平二　　卒7进1　　④马八进七　　卒3进1

⑤车二进四

如图 1-10，黑方 3、7 卒挺起，而红车走到己方河沿一线，俗称"巡河车"。巡河车可以兑兵活马，阻击对方子力，此时是紧凑有力的走法。

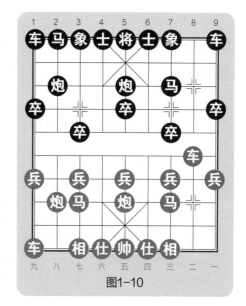

图1-10

⑤……　　　车 9 平 8

⑥车二平六　车 8 进 6

黑方进过河车争取迅速对红方有所牵制，如改走马 2 进 3，则兵七进一，卒 3 进 1，车六平七，马 3 进 4，车七平六，红方易走。

⑦兵三进一　马 2 进 3

黑方如改走车 8 平 7，则炮五退一，车 7 退 1，车六进三，炮 2 平 3（炮 2 平 1，车六平八，红方亦得子），炮五平三，车 7 平 2，炮八进七，车 1 平 2，车六平七，红方得子大优。

⑧兵三进一　车 8 平 7　　⑨炮五退一　车 7 退 2

⑩炮五平三　车 7 平 4　　⑪兵七进一　卒 3 进 1

红方兑兵争先，巧手！黑方如改走车 4 进 1，则马七进六，卒 3 进 1，炮三进六，卒 3 平 4，炮三平七，红方多子占优。

⑫车六平七　马 3 退 5　　⑬相七进五（红方优势）

例局 3

①炮二平五　马 8 进 7　　②马二进三　车 9 平 8

③车一平二　马 2 进 3　　④兵七进一　卒 7 进 1

⑤车二进六　炮 8 平 9　　⑥车二平三　炮 9 退 1

⑦马八进七　车 1 进 1　　⑧炮八平九　车 1 平 6

⑨车三退一　炮 2 平 1　　⑩车九进一　车 6 进 1

⑪兵三进一

红方忽略了过河车有遭受对方攻击的风险，应走车三平八脱离险境为宜。

⑪……　　　　卒 3 进 1

如图 1-11，黑方进 3 卒困车，构思巧妙，是迅速反夺主动的妙手！

⑫车三平七

红方如兵七进一，则象 7 进 5，车三进一，炮 9 平 7，炮五进四，士 6 进 5，红方丢车。

⑫……　　　　炮 9 平 3

⑬兵三进一　　炮 3 进 3

红方弃车是无奈之着，如改走车七平三，则象 7 进 5，车三进一，炮 3 平 7，黑方亦得车并大占优势。

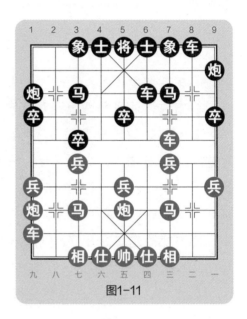

图1-11

⑭兵七进一　　车 8 进 6

红方虽吃掉一炮且有双兵过河，但依然不足以弥补丢车的损失。黑方进车好棋！准备压马反击。

⑮兵三进一　　车 8 平 7

黑方不贪子是明智之举，保持对局面的控制。

⑯兵三进一　　车 6 进 3　　　⑰炮五退一　　车 6 平 3

⑱炮五平三　　车 7 平 6　　　⑲马七退五　　车 6 进 2

⑳炮九平七　　车 3 退 1　　　㉑炮七退一　　车 6 退 1（黑方易走）

例局 4

①炮二平五　　炮 8 平 5　　　②马二进三　　马 8 进 7

③车一平二　　车 9 进 1　　　④马八进七　　车 9 平 4

⑤兵三进一 马2进3　　⑥兵七进一 车1进1

⑦马三进四 车4进7　　⑧炮八进二（图1-12） 车4平3

黑车捉马贪图小利，犯了"车怕低头"的大忌。此时可考虑车1平6，则仕四进五（如炮五平四，则炮5平6！黑方反先），车6进3，黑车巡河，伺机兑卒，可以抗衡。

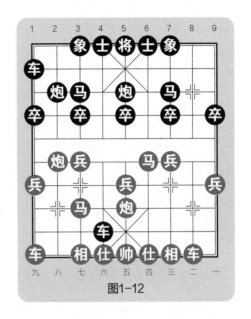

图1-12

⑨车九进二 车3进1

⑩炮五平三

红方平炮锁定黑方底车为攻击目标，正确！此时不可走马四进六，否则车1平4！车二进五（马六进七，车4进6，黑方得回一子局面大优），卒7进1！车二平三，象7进9，车三进二，车4进3，仕四进五，卒3进1，黑方反占优势。

⑩……　　　　　 车1平4　　⑪相三进五 车3退1

⑫仕四进五 车3平2　　⑬兵三进一 马7退9

⑭兵三进一

黑车受困，接连失先。红方趁机抢渡三兵过河，大占优势。

二、马要活，不躁进

马的行动由于受蹩腿的约束，在布局阶段要注意及时挺起马前卒（兵），活通马路。同时由于布局阶段双方子力尚多，马的活动容易受到周边子力的限制，不宜急躁冒进，以免受到攻击。

① 炮二平五　马 8 进 7　　② 马二进三　车 9 平 8

③ 马八进七　马 2 进 3　　④ 车一进一　炮 8 平 9

黑方平炮亮车，亦可选择卒 3 进 1 或卒 7 进 1 先通马路。

⑤ 兵五进一　士 4 进 5　　⑥ 马七进五

如图 1-13，中炮局进中兵，双马在中路连环策应发动攻势，被称为中炮盘头马，也称"架马炮"。因进攻节奏明快，也是业余爱好者喜用的一种进攻方法。

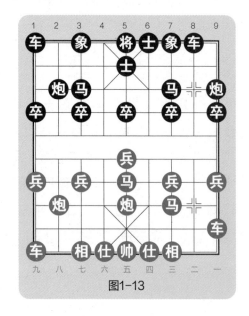

图1-13

⑥ ……　　　　　炮 2 进 4

⑦ 兵五进一　炮 2 平 5

黑方过河炮具有封锁作用，此时兑马的选择不好，反而对红方有利。应走卒 5 进 1，红方如炮五进三，则马 7 进 5，炮八平五，车 8 进 4，车一平六，炮 9 平 5，前炮进二，象 3 进 5，双方均势。

⑧ 马三进五　车 1 平 2

黑方此时若先卒 5 进 1，则炮五进三，马 7 进 5（如象 3 进 5，则炮八平五，红方子力灵活），马五进六，车 8 进 4，车一平五！炮 9 平 5，炮八进三！红方易走。

⑨ 车九平八　卒 5 进 1　　⑩ 炮八进四

红方大子灵活，具有一定的攻势。

⑩ ……　　　　　象 3 进 5　　⑪ 马五进三　马 7 进 5

⑫ 车八进一　马 5 进 7

黑方进马败着，中路被红方控制。应走卒 7 进 1，则马三进五，卒

3进1，黑方更为顽强。

⑬马三进五　马7进5　　⑭车八进三　车8进1

⑮车八平五　车2进3　　⑯车一平四　卒3进1

⑰车五平二

红方强行捉车，迅速突破黑方防线，着法精彩！

⑰……　　　炮9平8　　⑱车四平六　车2平6

⑲马五进六　将5平4　　⑳马六退七　将4平5

㉑马七退五　车6平3　　㉒车六进五　车3平4

㉓马五进六　炮8进2　　㉔马六进七　将5平4

㉕炮五平六　炮8退2　　㉖车二平六　士5进4

㉗车六进三　车8平4　　㉘车六退四　炮8进4

㉙兵三进一　炮8平3　　㉚马七退九

黑方丢车大势已去，主动认负。

例局 2

①炮二平五　马8进7　　②马二进三　马2进3

③车一平二　车9平8　　④兵七进一　卒7进1

⑤车二进六　马7进6

正马跳到肋道巡河位置被称为"河口马"或"盘河马"，是攻守的要点位置。黑马盘河后对红方过河车形成威胁。

⑥马八进七　象3进5　　⑦车二平四　马6进7

⑧马七进六

红方平车捉马消除威胁，再跃马河口控制要点，着法稳健。

⑧……　　　士4进5　　⑨炮五平六（图1-14）炮2进3

红方移开中炮与河口马配合形成封锁线，伺机在左翼发起进攻。黑方选择进炮赶马，意图把右车从肋道抢出，时机不佳。此着可改走炮8平6先亮左车，以下相七进五，马7退8，车四平三，马8退9，车三平四，卒7进1，相五进三，炮2进3，马六进七，炮2平7，相三进五，炮7退3，双方各有顾忌。

⑩马六进七　车1平4

⑪仕六进五　炮2进1

⑫相七进五　炮8平7

⑬车九平七

红方阵形协调，前景乐观，布局成功。

⑬……　　　车4进6

⑭炮八退一　炮2平5

黑方平炮败着，如改走炮2进

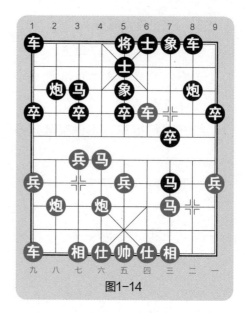

图1-14

1，则炮八平六，车4平1，车四平三，炮7平6，兵七进一，亦是红优。

⑮马三进五　车4平5　　⑯马七进九

红马窥槽，攻势猛烈，黑方已不好防守。

⑯……　　　马3退2　　⑰马九进七　马2进4

⑱炮八平六　马7进6　　⑲车四平三　车5进1

⑳车三进一　车8进6　　㉑车七平八　士5退4

㉒后炮进七　车5平4　　㉓炮六退三（红方胜定）

例局3

①相三进五　炮8平5　　②马二进三　马8进7

③车一平二　车9平8　　④马八进七　卒7进1

⑤兵七进一　炮2平3　　⑥马七进八　马7进6

⑦仕六进五　马6进4

如图1-15，黑方孤马过河看似有攻击路线，实则是急躁的走法。应考虑车8进6或马6进5等常见变化。

⑧车九进一

红方顺势出横车，含蓄有力。

⑧……　　炮3平4

黑方如马4进6，则仕五退六，卒7进1，兵三进一，马6进8，马八进七（红方不可急于车九平二，否则黑方可炮5平8巧手得车），车1进1，马七进五，象3进5，马三进四，红方必然得回一子，从容占优。

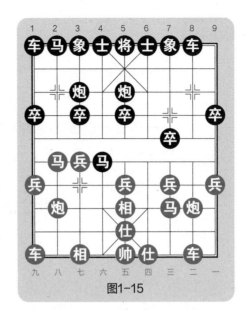

图1-15

⑨仕五退六

红方退仕通车路，好棋！

⑨……　　卒7进1

黑马进退维谷，弃卒损失太大，泥潭越陷越深，不如改变策略走马4退6，则车九平四，马6进5，虽仍落后手，但还有回旋余地。

⑩兵三进一　车8进6　　⑪车九平四　士4进5

⑫仕四进五　炮5平6

黑方如马4进6，则炮二平一，车8平7，炮一进四，炮5平6，炮一平三，车7退1，车四进二，车7退2，红优。

⑬炮二平一　车8平6　　⑭车四进二　马4进6

⑮车二进一

黑方右翼车马未动，孤马深入处境不妙，红方已经大占优势。

⑮……　　炮4进3　　⑯马八进七　炮4进1

⑰马三进四　炮4平3　　⑱马七退六　象3进5

⑲马六退四　炮3平6　　⑳马四进五（红方大优）

例局4

①兵七进一　卒7进1　　②炮二平三　象3进5

③马二进一　马8进7　　④车一平二　马7进6

河口马虽然是好的位置，但要注意子力间的相互保护。此时黑方进马急躁，应改走车9平8为好。

⑤马八进七

红方跳正马后，黑马前进的路线被全部封死。

⑤……　　　　车9进1

如图1-16，黑方如马2进4，则车九进一！黑方河口马将成为重点被打击的对象。以下黑方炮8平7（如炮8平6，则车九平六再车六进四，红方大优），车九平四，马6进7，马一进三，炮7进4，车四进二，黑炮必丢。

⑥兵三进一

红方弃三兵进行精准打击，着法紧凑。如改走相七进五，则卒3进1！兵七进一，车9平3，黑方迅速通车，红方便宜不大。

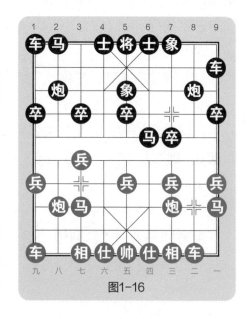

图1-16

⑥……　　　　卒7进1　　⑦车二进五　马6进7

黑马无好位置可走，如马6进8，则炮三进七，象5退7，车二进二，红方占优。红方以下有多种走法均可占优，试举一例：

⑧炮三进二　车9平7　　⑨车二退一　马7进9

⑩炮八平一

红方子力活跃，出子速度遥遥领先，明显优势。

三、炮安要塞，勿轻发

炮的行动灵活，可以联系左右，同时还能封锁或压制对方子力，起到遥控牵制和反击的作用。开局阶段，炮的部署要稳固，避免遭到对方的攻击。一般在开局阶段不要过于轻易地把炮打出去，棋谚有"炮勿轻发"的说法。

例局 1

① 兵七进一　卒 7 进 1　　② 马八进七　马 8 进 7

③ 炮八平九　马 2 进 3　　④ 车九平八　车 1 平 2

⑤ 炮二平五　车 9 平 8　　⑥ 马二进三　象 3 进 5

⑦ 车一进一　炮 2 进 4

进炮兵林线是在布局阶段非常重要的位置选择，称为"过河炮"。往往达到压制、封锁、限制对方子力展开等作用，具有较强的攻击性。此时黑方右炮过河封锁红车，随时有炮 2 平 7 打兵或炮 2 平 3 压马的手段。

⑧ 马七进六

红方左马冒进，看似接下来有冲七兵欺炮的手段，实则缺乏子力支援，易受攻击。

⑧……　　　炮 8 进 6

如图 1-17，黑方双炮出击，态势颇佳。以下黑方有炮 2 进 2 打车及车 8 进 5 捉马的双重手段，红方攻防两难。

⑨ 车八进一　车 8 进 5

⑩ 兵三进一

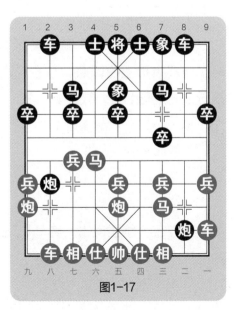

图 1-17

红方不如走马六进七，则炮2平3，车八进八，马3退2，马七进八，炮3进2，红方虽也处下风，但要比实战顽强一些。

⑩……　　　　　车8平7　　⑪车八平六　炮8退2

黑方退炮巩固阵形，着法简单实用。

⑫车一平二　士4进5　　⑬兵五进一　车7进1

黑方已经牢牢控制住局面，大占优势。

例局 2

①炮二平五　马8进7　　②马二进三　车9平8

③车一平二　卒7进1　　④兵七进一　炮8进4

黑方左炮封车，配合7卒的挺起，效果颇佳。

⑤马八进七　象3进5　　⑥炮八平九　士4进5

⑦车九平八　炮2平3

如图1-18，黑方平炮3路与进士象的着法相连贯，诱使红方进攻，设计了一个诱敌深入的作战方案。

⑧车八进八

红车压马中计，只顾进攻而忽略了自己棋形上的弱点。红方应走兵五进一或马七进六较好。

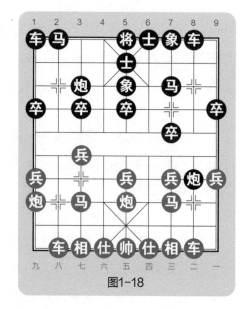

图1-18

⑧……　　　　　卒3进1

⑨马七进八　卒3进1

⑩马八进九　炮3进7

⑪仕六进五　马2进4

黑方在3路线反击，弃马是局面的精华所在，否则红方有马九进七的手段。

⑫车八平六　车1平3　　⑬炮九退二　卒3进1

黑方弃子有攻势，局面占优。

例局 3

①炮二平五　马8进7　　②马二进三　车9平8

③车一平二（图1-19）炮8进6

黑方接走进炮对方下二路，看似完全压制住红车的活动路线，实则位置虚浮。黑方左炮前进的最佳落点是炮8进4，形成左炮封车布局。

此时普通爱好者容易出现的走法是炮8进2巡河，虽然能阻止红车过河，位置也比较安全，但效率不高。红方可以从容应对，如马八进七、兵七进一、兵三进一等。

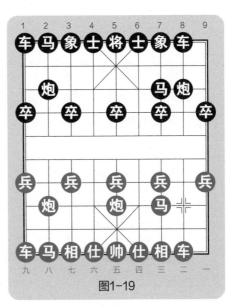

图1-19

④车九进一　炮2进7

黑方8路炮此时正处于红方九路车的攻击范围，遭到对方的追击。黑方此时被迫选择兑子，如退炮则明显失先。

⑤车九平二　车8进8　　⑥车二进一

黑方开局用炮换对方未动的底马已经吃亏，此时虽有个沉底炮，但子力不协调，7路马也将遭到红车的攻击，形势已然不妙。

⑥……　　　马2进3　　⑦车二进六　马3退5

⑧炮八进四

红方进炮卒林线是此时针对黑方窝心马棋形最有力的进攻着法。

⑧……　　　卒3进1　　⑨炮八平三

黑方虽躲避了红方中路的打击，但红方过河炮顺势打7卒又是一步先手，黑方只剩招架之功，难有还手之力。

⑨……　　　　车1进2　　　⑩兵五进一（红方优势）

例局4

①炮二平六　炮8平4　　②马二进三　马8进7

③车一平二　卒7进1　　④马八进九　卒1进1

⑤炮八平七　马2进1　　⑥车九平八　车1平2

⑦车二进四　车9平8　　⑧炮六进七

如图1-20，黑方正拼兑红车，红方突然炮击底士，看似妙手，实际是对局面判断有误，得不偿失。

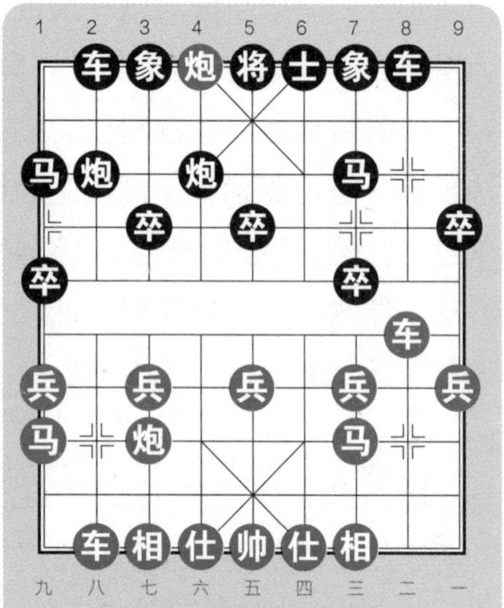

⑧……　　　　将5平4

⑨车二平六　士6进5

⑩炮七平六　将4平5

⑪炮六进五　炮2进5

黑方如士5进4吃炮，红方则车六进三捉双，得回一子。

⑫炮六进一

红方白吃一士，但双炮轻发，造成了己方阵形的不稳，右马失去保护，暴露弱点。

图1-20

⑫……　　　　车8进7

黑车趁机捉马争先，局面明显更为易走。

四、兵（卒）开路

兵（卒）虽然属于弱子，但它有活通己方马路、制约对方马路、线路突破及过河进击等作用。开局阶段要注意兵（卒）走动步数不要过多，否则会严重影响强子的正常出动，累及全局。

例局1

①兵七进一　马8进7　　②兵三进一

红方开局把三、七兵都挺起来，马路通畅。此布局有"两头蛇"之称。

②……　　　　象3进5

黑方飞象，准备采取"拐角马"的阵形。亦可考虑走炮8平9快速通车，以后车升巡河伺机兑卒，红方可应以马二进三，则车9平8，车一平二，车8进4，炮二平一，车8平2，炮八进五，炮9平2，马八进七，象3进5，相七进五，局面平稳，红方仍占先手。

③马二进三　马2进4　　④车一进一　马4进6

⑤马三进四（图1-21）士4进5

黑方如改走卒7进1，则马四进五，马6进5，马五退三，马5进7，马三进二，车9进2，马二退三，前马进8，马三退五，红方主动。

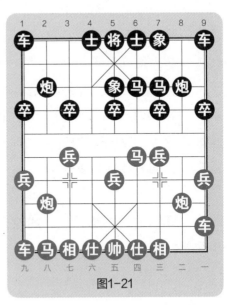

图1-21

⑥相七进五　车1平4

⑦马八进七　卒7进1

⑧马四进五　马7进6

⑨兵三进一　后马进7

⑩马五退三　象5进7

⑪车一平四　马6进7

⑫车四进五（红方优势）

例局 2

① 炮二平五　　马 8 进 7　　② 马二进三　　车 9 平 8

③ 车一平二　　马 2 进 3　　④ 兵七进一　　卒 7 进 1

⑤ 马八进七　　炮 2 进 4　　⑥ 兵五进一　　炮 8 进 4

⑦ 兵五进一

红方中兵抢渡，势必要影响大子的出动，要注意子力之间的相互保护。

⑦ ……　　　　士 4 进 5　　⑧ 兵五平六　　象 3 进 5（图 1-22）

⑨ 兵六进一

红方继续进兵，孤兵深入，是缺乏大局观的走法。此时应该在中路补仕，红马可盘头策应过河兵形成封锁线，双方各有顾忌。

⑨ ……　　　　车 1 平 4

⑩ 兵六平七　　马 3 退 1

⑪ 仕六进五　　车 4 进 6

黑方顺势出肋车并占据兵林线，对要道进行有效控制。黑方此着如炮 2 平 3 急于吃过河兵，则车九平八，黑方底线有隐患。

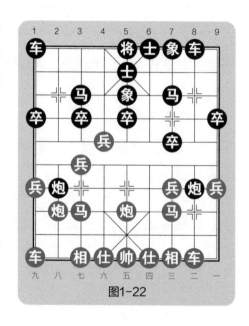

图 1-22

⑫ 马七进八

红马冒进，形势更差。如改走相七进九，则车 4 平 7 或马 7 进 6，也是黑方好走。

⑫ ……　　　　炮 2 平 7　　⑬ 炮八平六　　车 4 平 2

⑭ 马八进九　　炮 8 退 3

接下来黑方有炮 7 平 8 或炮 8 平 3 两种手段，黑方占优。

例局3

①兵七进一　卒7进1　②炮二平三　象3进5

③马二进一　马8进7　④车一平二　车9平8

⑤炮八平五　炮8进4　⑥马八进七　马2进4

⑦车九进一　车1平3（图1-23）

黑方此时应调整次序，先走卒3进1开通右车的出动路线。红方如车九平六，则马4进6，兵七进一，车1平3，兵七平六，车3进6，黑方弃卒通车占据要道，足可一战。

⑧兵三进一

红方弃三兵打开线路，发挥炮的威力。如先走车九平六，则马4进6，兵三进一，士4进5，黑方阵形稳固。

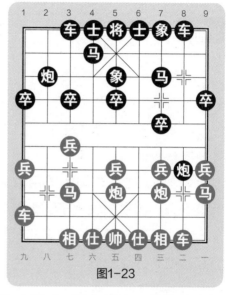

图1-23

⑧……　　　卒7进1

黑方如马4进6，则车九平八，炮2平4，马七进六，红方伏有马六进五吃中卒的手段，红方优势。

⑨车九平六　车3进1

黑方如车8进1，则车六进六，卒7平8，马一进三，卒8平7，马三进五，卒5进1，马五进三，红方有攻势。

⑩车六进六

红方进车士角捉双，必得一子。

⑩……　　　马7进6　⑪车六平八　卒3进1

⑫兵七进一　车3进3　⑬车八退三　卒7进1

⑭炮三平四

黑方虽有一卒过河，但弥补不了失子的损失，红方多子优势。

五、仕相（士象）慎补

仕相（士象）属于防守子力，有稳固阵型防御、联络协调子力的作用。布局阶段仕（士）、相（象）的运用要慎重，要注意时机与方向，避免影响己方大子的出动以及棋形结构上的协调。

例局1

①炮二平六	卒7进1	②马二进三	马8进7
③马八进七	马2进3	④兵七进一	马7进8
⑤马七进六	象3进5	⑥相三进五	车9进1
⑦仕四进五	卒3进1		

如图1-24，布局阶段用象兑兵要慎重，容易损失大子的出动速度，同时还可能暴露弱点。此时黑方还是炮2退1为宜。

⑧兵七进一　象5进3

⑨炮八平七　象3退5

⑩车九平八　车1平2

⑪车八进六

红方利用黑方的缓手，果断平炮打马，抢出左车，占据卒林线要道。阵形与空间优势已然明显。

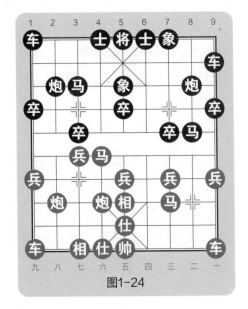

图1-24

⑪……	炮2平1	⑫车八平七	车2进5
⑬马六进四	车2退3	⑭车一平四	炮1退2
⑮炮七进五	炮8平3	⑯车七平五	炮3进4
⑰炮六进三			

红方进炮准备立中炮，形成攻势，黑方已经不好应付。

⑰……　　　　　马8进7　　　⑱炮六平五　士4进5

⑲车五平七　炮1平4　　　⑳车七退三（红方得子胜定）

例局 2

①炮二平五　炮8平5　　　②马二进三　马8进7

③车一平二　车9进1　　　④马八进七　车9平4

⑤兵三进一　卒3进1　　　⑥车二进五　象3进1（图1-25）

黑方飞边象护卒，阵形松散，是注重小利而缺乏大局观的走法。应走炮5退1或马2进3为宜。

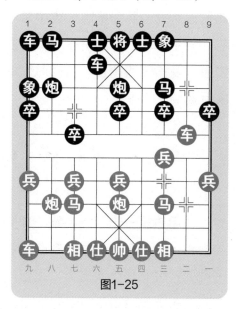

图1-25

⑦炮八平九

红方针对黑方右翼子力开动迟缓，选择平边炮准备亮出左车，是紧凑有力的走法！

⑦……　　　　　车4进2

黑方如马2进3，则炮九进四，车1平2，炮九平八！车2平3，炮八平三，象7进9，车九平八，红方边炮突袭，连削带打，大占优势。

⑧车九平八　马2进4　　　⑨马三进四　车1平3

⑩车二平六

红方平车邀兑，着法简明有力。

⑩……　　　　　车4进1　　　⑪马四进六　卒3进1

⑫兵七进一　车3进5　　　⑬车八进二　车3退1

⑭马六进四　车3平6　　　⑮炮九进四（红方优势）

第二章　布局简介

象棋的布局体系，可以简单分为中炮布局和散手布局两大类。中炮布局以炮摆当头为标志，攻中带守。散手布局则以相（象）飞中路为标志，守中带攻。布局阶段所部署的阵形，不是一成不变的，可根据局面发展以及策略的调整，有针对性地转换布局阵形，来满足与对方作战的实际需要。

第一节　中炮实用布局

先手方第一步平炮中路，称为"中炮"，俗称"当头炮"，瞄准对方的老将（帅）直接对对方形成有效威胁，对方需做出相应防范，由此而形成的各种布局体系庞大，是使用率最高的布局走法。后手方应对中炮的方法主要包括顺手炮、列手炮、屏风马、反宫马四大类。

一、顺手炮

①炮二平五　炮8平5　　②马二进三　马8进7

如图2-1，双方第一步都走中炮，由于两个炮来自同一个方向，故名"顺手炮"，简称"顺炮"。顺手炮是喜爱攻杀型棋手的常用布局。

③车一进一　车9平8　　④车一平六　车8进6

⑤车六进七

黑方过河车准备吃兵压马，红方肋车疾进对方下二路，是古谱走法。双方一上来就侵略性极强，火药味十足。红方此手也可采取均衡出子的走法选择兵七进一，黑方如车8平7，则马八进七，士4进5（不能车7进1吃马，否则红方有炮五进四打将抽车的棋），马七进六，黑方右翼子力出动慢，红方易走。

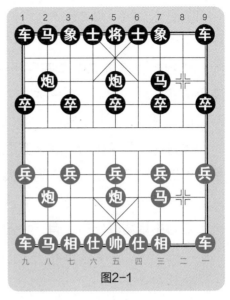

图2-1

⑤……　　　马2进1

⑥车九进一（图2-2）　车8平7

红方弃马起横车，看似是低级失误，其实这是明代象棋古谱《橘中秘》中记载的一个具有欺骗性的布局陷阱。黑方如炮2进7贪吃马则炮八进五！马7退8（如车8退4，则车六平三，下一步炮八平三得回一子，红方仍然保持强大攻势），炮五进四，士6进5，车九平六，将5平6，前车进一！士5退4，车六平四，炮5平6，车四进六，将6平5，炮八平五，红胜。此布局从开局到取胜仅仅用了13个回合，被后人称为"弃马十三着"。

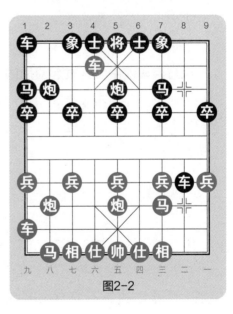

图2-2

此时黑方可考虑走士6进5，红方如车九平四，则卒3进1，车四进七，炮2平4，车四平三，象7进9，黑方阵形不乱，红方仅凭双车之力难有所获。

⑦车九平四　　炮2进7　　⑧车四进六　　车1平2

⑨炮八平六

红方如急于进攻走车四平三，则车2进7，炮五进四，士4进5，车六平五，将5平4，车三进二，车2平6，红方无杀，反遭黑方反杀。

⑨……　　　　炮2退7　　⑩炮六进五　　士4进5

黑方应走马7退9，则炮五进四，士4进5，仕四进五，炮2进1，炮五退二，车7退2，黑方尚无大碍。

⑪车四平三　　车7进1　　⑫炮五进四

红方中炮雷霆出击，有"大刀剜心"的杀势，黑方已难抵挡。

⑫……　　　　车7平6　　⑬车三进二　　车6退6

⑭仕四进五

红方补仕精妙！暗伏杀棋。

⑭……　　　　炮2进1　　⑮炮五退一　　卒3进1

⑯炮六退一　　马1进3　　⑰车六平五

红方弃车砍中士，发起最后的攻势！

⑰……　　　　车6平5　　⑱帅五平四　　将5平4

⑲车三平四　　将4进1　　⑳炮五平六（红胜）

二、列手炮

①炮二平五　　炮2平5

如图2-3，双方第一步都走了中炮，但移动的是不同方向的炮，故名"列手炮"，简称"列炮"。如今的实战当中，黑方如选择列炮布局，大多会先走马8进7，之后再走炮2平5，称为"半途列炮"。

②马二进三　　马8进9

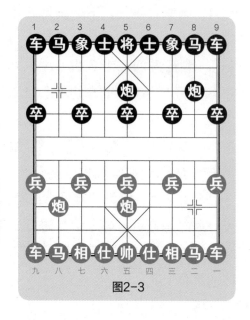

图2-3

黑方左马屯边，称为"大列炮"。

③马八进七

红方进正马更为有效灵活，是改进后的走法。如走车一平二，则车9平8，马八进九，马2进3，车九平八，车1平2，兵九进一，卒9进1，车二进四，炮8平7，车二平六，车2进6，黑方可以抗衡。

③……　　　　　马2进3　　　④车九平八　车1平2

⑤兵七进一

红方也可炮八进四，则卒3进1，炮八平七，红方先手。

⑤……　　　　　车2进4　　　⑥炮八平九　车2进5

⑦马七退八　车9平8

黑方如车9进1，则车一平二，炮8平7，马八进七，车9平4，车二进四，红方易走。

⑧车一平二　卒7进1　　　⑨马八进七　炮8进4

⑩炮五退一

红方阵形更好，稳占先手。

三、中炮对屏风马

①炮二平五　马8进7

②马二进三　马2进3

如图2-4，黑方双马正起，共同保护中卒，称为"屏风马"。屏风马被公认为是对付中炮最合理的阵形，以屏风马来对抗中炮的攻防体系也是非常庞大的，有"炮马争雄"之说。

③车一平二　车9平8

④兵七进一　卒7进1

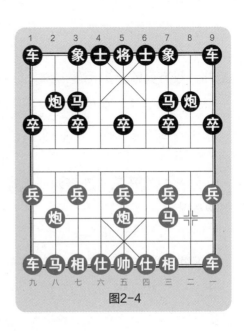

图2-4

⑤车二进六　炮8平9　　⑥车二平三　炮9退1

⑦兵五进一　士4进5　　⑧兵五进一

红方以中炮远程威慑为基础，连续进中兵从中路快速突破，是一种疾攻型布局，也体现了中炮局的显著特点。

⑧……　　　　炮9平7　　⑨车三平四　卒7进1

⑩马三进五　卒7进1　　⑪马五进六　车8进8

⑫马六进七（图2-5）车8平2

黑方不甘示弱，然而却出现了判断上的失误，急于吃回一子，导致形势急转直下。此时应卒7平6或象3进5，双方形成对攻局面。

⑬兵五进一　车2退1

⑭车九进二

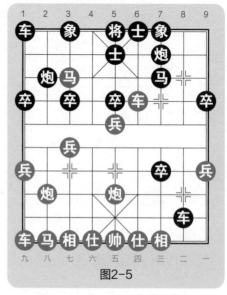

图2-5

红方升车弃马邀兑，攻杀的感觉极佳，由此吹响了总攻的号角。如正常应以马八进九逃马，则马7进8，车四平三，炮2退1，黑方反先。

⑭……　　　　车2进2

黑方接受弃子也属骑虎难下的走法，如改走车2平1兑车，则马八进九，双方有效步数相差悬殊，红方亦是大优。

⑮车九平六　象3进5　　⑯车四进二　车1平3

⑰马七进五　炮7平5　　⑱兵五进一　炮5进6

⑲车六平五

红方中路开花，连弃两子破除对方防守，形成"三车闹士"攻势。着法精彩！

⑲……　　　　炮2退1

黑方如将5平4，则车四进一，马7退6，车五平六，马6进4，兵五进一，车3进1，兵五进一杀，红胜。

⑳兵五平四　炮2平5　　　㉑车五进六　士6进5

㉒车四平五　将5平4　　　㉓车五进一　将4进1

㉔车五平七　车2平3　　　㉕车七退一　将4进1

㉖仕四进五　马7进6　　　㉗车七退二（红方胜势）

四、中炮对反宫马

①炮二平五　马2进3　　②马二进三　炮8平6

③车一平二　马8进7

如图2-6，是中炮对反宫马的基本阵形。反宫马的布阵方式和屏风马有相似之处，屏风马的炮在8路，而反宫马的炮在6路士角，在己方两个马的中间。所以这种阵形也称"夹炮屏风"。

④马八进七

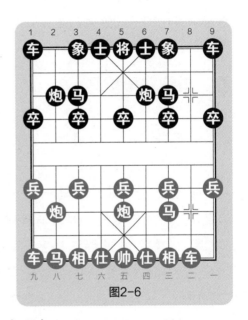

图2-6

反宫马布局中的士角炮，最重要的一个目的就是限制对方进正马，此时红方硬要走马八进七，会出现什么后果呢？

④……　　　炮6进5　　⑤兵五进一

红方进中兵弃子抢攻，如改走炮五进四，则炮6平2，炮五退二，车9平8（黑方兑车简化，如炮2平7再吃一子，则车九平八，炮2进5，车二进五，黑方不好把控局面），车二进九，马7退8，马七退五，车1平2，双方混战。

⑤……　　　炮6平3

黑方还有一种稳健的走法是士4进5，则炮五进四，马3进5，炮八平四，炮2平5，炮四平五，车1平2，双方平稳。

⑥马三进五　炮3平4　　⑦兵五进一　象3进5

黑方如炮4退6，则马五进六，炮4平5，炮五退一（如马六进七，则炮5进3，仕六进五，象3进5，黑方弃还一子，局面可以抗衡），炮5进3，炮八平五，马3退5，后炮进四，卒5进1，车二进五，车1进2，车二平五，炮2平5，马六进五，象3进5，车九进一，红方弃子取势。

⑧车九进一　士4进5　　⑨车九平六　炮4退7

⑩车二进六

红方弃子争先，可以一战。

黑方用反宫马对抗中炮布局时，红方直接进正马局面不好掌握，黑方选择策略的空间更大。在实战中，红方选择这路走法是比较少见的。

五、中炮对单提马

①炮二平五　马2进3

②马二进三　马8进9

如图2-7，黑方双马一正一边结构，称为单提马。屏风马曾有"双蹄"之称，故此着法初名"单蹄马"，后衍为今名。后手单提马应对中炮，因马在边路，中路有嫌薄弱，反弹力不强，遭到棋手冷落，成为相对冷门的布局，但在散手布局中，单提马阵形的出现频率还是比较高的。

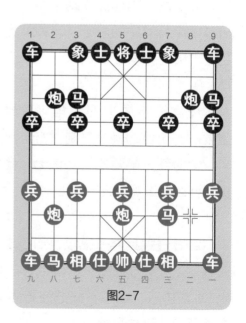

图2-7

③车一平二　车9平8

黑方另一个重要的变例是车9进1，则马八进七，车9平4，炮八平九，车1平2，车九平八，炮8平6，车八进六或兵七进一，红方亦稳持先手。

④兵七进一　象3进5　　⑤马八进七　士4进5

⑥炮八平九　炮2进4　　⑦兵三进一　炮2平3

⑧车九平八　车1平4　　⑨马三进四

红方跃马攻中卒，着法明快。亦可考虑兵五进一，则车4进6，兵九进一，车4平7，炮五退一，红方主动。

⑨……　　　　炮8进3　　⑩马四进五　炮8平3

黑方如炮3进3，则仕六进五（如车八平七，则炮8平3，红方丢车），炮3退4，车八进七，车4平2，车八进二，马3退2，车二进三，红方子力更具活力，易走。

⑪车二进九　马9退8　　⑫马五进七　后炮退3

⑬兵五进一（红方易走）

六、中炮对鸳鸯炮进7卒

①炮二平五　马2进3

②马二进三　卒7进1

黑方亦可卒3进1，则车一平二，车9进2，形成鸳鸯炮进3卒布局。

③车一平二　车9进2

"鸳鸯炮"是指一方将一侧炮退到下二路线后转移到另一侧炮底，因双炮集结，如鸳鸯般成双而得名。如图2-8，黑方边车保炮后，退右炮左移闪击红车，在侧翼集结兵力展开反击，这是鸳鸯炮的布局构思。

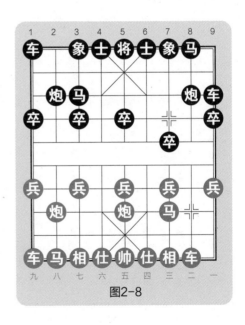

图2-8

④炮八进二

红方巡河炮威胁打死车，可抢一步先手，是进攻鸳鸯炮进7卒的有力攻法。如未能察觉对方战术意图，则容易落入黑方的节奏，以下试举一变。红方如马八进七，则炮2退1，车二进四，卒7进1，车二平三（红方不能兵三进一，否则炮2平8，车二平一，卒9进1，红方丢车），炮8平7，马七退五，车9平8，车九进一，炮2平7，车三平八，车1进1，车九平六，象7进5，黑方完成布局战略目的，在红方右翼形成反击，黑方满意。

④……　　　卒9进1　　⑤兵七进一　炮2退1

黑方升车保炮与右炮退1相呼应，是构成鸳鸯炮布局的要点。

⑥车二进六　炮2平8　　⑦车二平四

红车过河占位有力，面对黑炮攻车，占肋可防止对方反扑，着法细腻。

⑦……　　　象7进5　　⑧马八进七　前炮平6

⑨兵五进一

红方进中兵以中炮过河车盘头马阵形发动攻势，简明有力！

⑨……　　　车9平8　　⑩兵五进一　炮8平6

⑪车四平三　卒5进1　　⑫马三进五　车1进1

⑬炮五进三　士6进5　　⑭相七进五

红方布局高屋建瓴，牢牢控制局面。

⑭……　　　马8进7　　⑮仕六进五　后炮平7

⑯车三平七　马7进8　　⑰炮五平二　车8进2

⑱车九平六　车8进4　　⑲马五进六　车1进1

⑳马六进八　卒1进1　　㉑车七平三　车8退7

㉒兵七进一　象5进3　　㉓车六进六　车1进1

㉔炮八平五　象3进5　　㉕马七进八　车1退1

㉖车三进二（黑方认负）

七、中炮直车对河口堡垒

① 炮二平五　马8进7　　② 马二进三　卒7进1

③ 车一平二　炮8进2

如图2-9，黑方应对当头炮直车，采用进左马，先进7路卒后左炮巡河的方式，俗称"河口堡垒"。此走法先防止红车过河，再右炮左调实施反击。

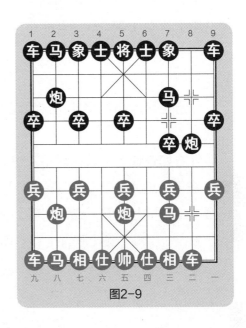

图2-9

④ 兵七进一

红方先进七兵准备形成正马格局。如改走炮五进四，则马7进5，炮八平五，马2进3，车二进五，象3进5，车二退一，车9进1，马八进七，车1平2，车九平八，炮2进4，黑方可以抗衡。另如走马八进九，则马2进3，炮八平七，炮2退1，车二进四，象7进5，车九平八，炮2平7，车二平四，双方互缠之势。

④ ……　　　　马2进3

⑤ 马八进七　炮2退1

黑方2路炮退1与巡河炮配合，准备打车争先，是"河口堡垒"反击手段之一。

⑥ 车二进一

如图2-10，红方高一步右车，避免升车巡河而遭到威胁，同时利于七路马的出击。如改走车二进四，

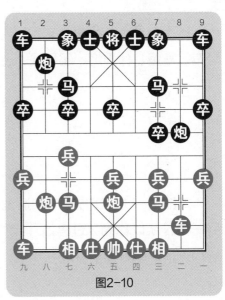

图2-10

则象7进5，车九进一，炮2平8，车二平四，车1平2，双方亦是对抗之势，红方仍占先手。

⑥……　　　卒3进1

黑方兑3卒转换布阵思路，如走象7进5，则马七进六，炮2平6，炮八平七，车1平2，马六进七，红方主动。

⑦兵七进一　炮8平3　　　⑧马七进六　象3进5

⑨炮八平七　马3进4

黑方也可走炮3平4形成互缠之势。

⑩车九平八

红方如走炮七平六，则马4进6（不宜走炮2平4，否则炮六进三，炮4进4，炮六进二，红方主动），车九平八，车9进1，车二平四，马6进5，相七进五，红方先手。

⑩……　　　炮2平4　　　⑪炮七平六　炮4进4

⑫炮六进三　士4进5　　　⑬炮五平六（红方先手）

第二节　散手实用布局

散手布局有的因棋形未定，可能会后转成中炮布局。流行的散手布局有过宫炮、仕角炮、起马局、飞相局和挺兵局等。

一、过宫炮

①炮二平六

如图2-11，红方第一步运炮至远端仕角，因炮越过中路到九宫的另一角，所以称为"过宫炮"。这种布局的子力部署倾向于一侧，子力结构优良。黑方主要有炮8平5、卒7进1、马8进7等走法来应对。

① ……　　　　卒7进1

② 马二进三　马8进7

③ 车一平二　车9平8

④ 车二进四

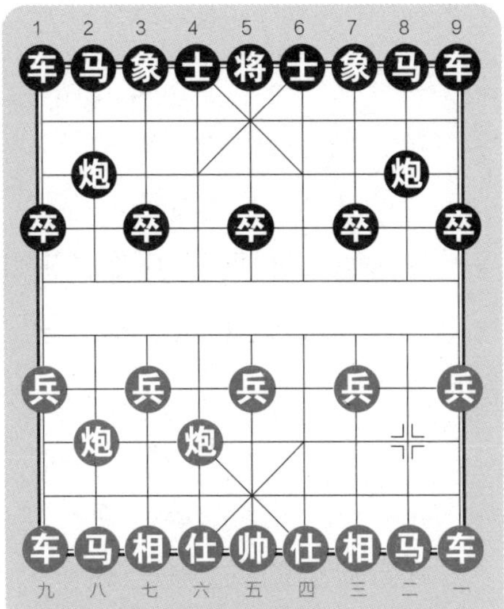

红方升车巡河，策应左翼，占位攻守兼备，也符合过宫炮阵形的布局策略。

④ ……　　　　炮8平9

⑤ 车二平六

红方亦可车二平四，控制黑方马路。

图2-11

⑤ ……　　　　士4进5

⑥ 马八进七　炮2平6

黑方右炮左移也构成过宫炮阵形，是士4进5的后续着法。

⑦ 兵七进一　象3进5　　　⑧ 炮八进六

红方进炮压马，不让黑方顺畅出子。

⑧ ……　　　　炮9进4

黑炮打边兵先弃后取看似巧妙，实则是强炮换弱马，同时右翼失去9路炮策应，局面陷入困境。应改走马7进6，则车六进一，马6进7，双方互缠之势。

⑨ 马三进一　车8进6　　　⑩ 车六平四　车8平9

⑪ 炮六进一　卒9进1　　　⑫ 相七进五　车9退1

⑬ 车四进二　马2进4

黑方不可车9平3吃兵，否则炮六进六！黑方丢车。

⑭ 炮六进一　马7进8　　　⑮ 车九平八　车9进3

⑯ 仕六进五　卒7进1　　　⑰ 车四退一　马8进7

⑱ 炮六退三　车9退3　　　⑲ 炮八平七

如图2-12，红炮蹩住马路，妙手！黑方右翼的弱点暴露无遗。

⑲……　　　　　车1平3

⑳车四平八！　卒5进1

㉑前车进四！　马4进5

㉒炮七平六！　车3平4

黑方如车3平2，则车八进九，士5退4，车八平六，将5进1，前炮平九，红方亦胜。

㉓后炮进八　士5退4

㉔后车平六

红方攻势凶猛，黑方丢车仍不能解围，只得投子认负。

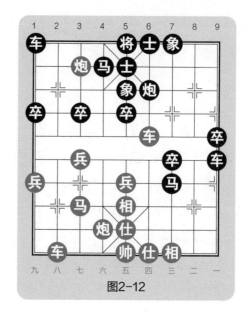

图2-12

二、仕角炮

①炮二平四

如图2-13，红方第一步运炮至近端仕角，称为"仕角炮"。子力分布左右均衡，阵形协调。黑方主要有炮2平5、卒7进1等走法来应对。

①……　　　　　炮2平5

②马八进七　马2进3

③马二进三　马8进9

④车九平八　卒3进1

⑤车一平二　炮8平7

⑥车二进五　象3进1

如图2-14，黑方飞边象保卒并不能化解红方的威胁，阵形反而更加松散，应走车1平2或车9平8为宜，红方接下来如车二平七杀卒，

图2-13

黑方则炮 5 平 6，阵形较为工整。

⑦炮八进四

红方顺势进炮塞象眼，扩大先手。

⑦……　　　　车 9 平 8

⑧车二平七　士 4 进 5

⑨炮四平六

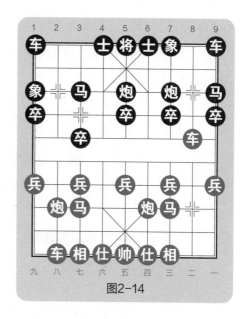

图2-14

红方灵活运用仕角炮，可以协调子力，避免右翼出现弱点。

⑨……　　　　车 8 进 6

⑩兵三进一　车 1 平 4

⑪仕六进五　炮 5 平 6

⑫相七进五　象 7 进 5　　　⑬车七平四　炮 7 退 1

⑭炮八进一　象 1 退 3　　　⑮炮六进六

红方突发妙手，肋炮硬塞黑方象眼犹如神兵天降，不但瓦解了黑方谋车的企图，而且一举获得优势。

⑮……　　　　车 4 进 1

黑方无奈吃炮，如改走象 5 退 7，则炮六平三，马 9 退 7，炮八平四，士 5 进 6，车四进二，红方优势。另如走炮 7 进 1，则炮六平七堵塞黑马，红方伏有炮八进二的攻势，黑方不好应付。

⑯炮八平五　将 5 平 4　　　⑰炮五平一　马 3 退 1

⑱车四进一（红方大优）

三、起马局

①马八进七

如图 2-15，红方第一步跳正马称为"起马局"（如走马二进一或马八进九，则称为"边马局"），是一种稳中求变而又不失灵活的布局。后

手方应付起马局的选择有多种，最
为常见的是挺卒制马，抑彼利己，
符合棋理。

①……　　　　　卒3进1

②兵三进一

红方先挺三路兵，保持局面均
衡，下一步再跳正马，构成先手屏
风马阵形。此时亦可选择炮八平
九、炮二平五、炮二平四等走法。

②……　　　　　马2进3

③马二进三　　　车1进1

④炮二平一　　　马8进7

⑤车一平二　　　车9平8　　　⑥车二进六　　　炮8平9

⑦车二进三

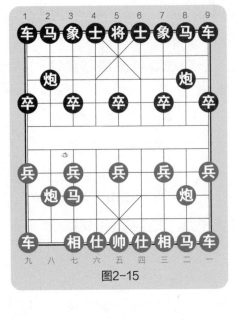

图2-15

双方阵形均堂堂正正，红方兑车正着，不可车二平三贪卒，否则黑
方车1平7或炮9退1，红方过河车立遭伏击。

⑦……　　　　　马7退8　　　⑧车九进一　　　车1平8

⑨车九平六　　　象7进5

⑩车六进三　　　车8进3

⑪相七进五　　　马8进7

⑫炮八进四　　　车8平4

如图2-16，黑方兑车是不太
明显的软手，应改走卒7进1或马
3进2，均可抗衡。

⑬兵七进一

红方进七兵巧兑，好棋！

⑬……　　　　　车4进1

⑭马七进六　　　卒3进1

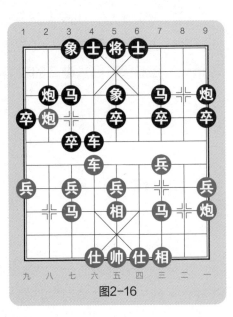

图2-16

⑮马六进四　马3进4　　⑯炮八平三　卒3进1

⑰马四进三

红方弃兵争先，子力活跃。此时兑马是简明的走法，本来强马兑弱马不合棋理，但当前无车的残局是兵卒之争。

⑰……　　　炮2平7　　⑱炮一进四　卒5进1

⑲炮一平九

以下残局中，红方多双兵，明显更为易走。

四、边马局

①马八进九

红方首着跳边马，快速出动强子，机动灵活。但由于边马定位过早，中心区域对抗稍弱。

①……　　　炮8平5

黑方看红方中路略显单薄，架炮中路直攻，是节奏鲜明的下法。不过值得注意的是，同样走中炮，如炮2平5，则马二进三，形成先手单提马对中炮的阵势，红方先手。

②马二进三　马8进7　　③车一平二　车9平8

④炮二进四　卒7进1　　⑤车九进一　炮2进4

黑方进炮窥视中路，如马7进6，则车九平四，马6进5，马三进五，炮5进4，车四进五，马2进3，炮八平二，车8平9，双方对抢先手。黑方此时亦可马2进3或卒3进1活通右翼子力。

⑥车九平四　炮5进4

如图2-17，红车占右肋对局面有着深刻的认识，而黑方误为"空头炮"所诱惑，局面落入下风。应改走马2进3，正常出动子力为宜。

⑦马三进五　炮2平5　　⑧兵九进一　马2进3

⑨马九进八　卒3进1　　⑩车四进六　马3退5

⑪车二进四

黑方空头炮孤立无援，红方进攻节奏不疾不徐，子力占位很好，以下将全面发动攻势。

⑪……　　　　象7进5

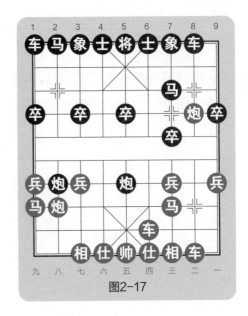

图2-17

黑方如车1进2，则车四平九，象3进1，马八进九，红方优势。

⑫车四退一　马7退9

⑬马八进六　马9进8

⑭车二进二　车8进3

⑮车四平二　车1平2

⑯炮八平二　炮5平4

⑰车二平五　马5退7

⑱马六进四　马7进6　　　⑲车五平六　炮4平5

⑳马四进六　将5进1　　　㉑车六平三

红方子力灵活，攻势防不胜防。至此，黑方认负。

五、飞相局

①相三进五

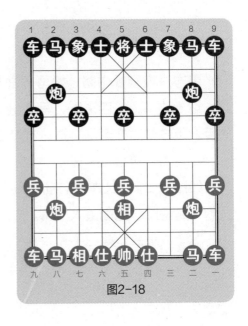

图2-18

如图2-18，红方第一步飞中相，称为飞相局。策略是以静制动，逐步进取，积小胜为大胜，是一种缓攻型布局。黑方有炮8平5、炮2平4、炮8平4、马2进3、卒7进1等多种应对着法。

①……　　　　炮8平4

②马八进七　马8进7

③兵七进一　马2进1

④马七进六　　炮2进3

飞相对过宫炮布局中，红方快马抢占河口是要点，亦是常见战术。黑方进炮赶马失策，应选择车9平8正常出车。

⑤马六进四　　象7进5　　　⑥车九进一　　卒7进1

⑦车九平六　　士6进5

黑方如改走马7进6，则车六进六，黑方马炮虚浮，红方主动。

⑧马四进三　　炮4平7

⑨马二进四

如图2-19，红方拐角马，保持双炮连环，阵形灵活兼具弹性。红方左马走了四步换了黑方走了一步的马，步数看似亏损，但从棋形及真正有效步数上分析，红方明显占了便宜。

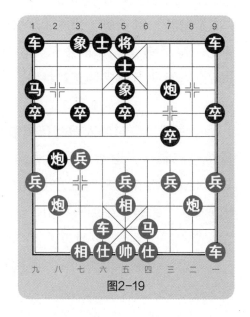

图2-19

⑨……　　　　车9平8

⑩车一平二　　车1进1

⑪炮二进六　　士5退6

⑫炮二平五　　车8进9

⑬炮五退二　　士4进5

⑭马四退二

红方战术巧妙，宫心献炮，白吃中卒，兑子夺势。

⑭……　　　　马1退3　　　⑮车六进四　　炮2退2

⑯炮五平八　　马3进2　　　⑰车六进一　　马2退3

⑱车六平三　　车1平2　　　⑲炮八平九　　炮7退2

⑳马二进四　　车2进2　　　㉑车三平一（红方大优）

六、挺兵局

①兵七进一

如图2-20，红方第一步挺三兵或七兵先开通马路，称为挺兵局。因局面尚未定形，双方可根据对手的应着形成各种特点的布局形式，是一种灵活多变的布局，有"仙人指路"的美称。黑方有炮2平3、卒7进1、象3进5、马8进7、炮8平5等多种应对着法。

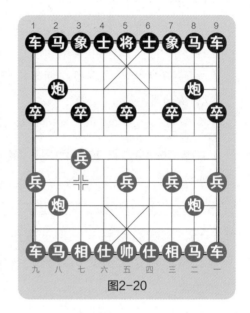

图2-20

①……　　　　炮2平3

卒底炮是应对仙人指路布局最具特色的着法，这着棋目标明确，马上准备冲3卒直接对红方七路线构成威胁，亦有"小当头"和"一声雷"之称。

②炮二平五　象3进5　　③马二进三　车9进1

黑方起左横车准备右移，向相对封闭的局面发展。另一种主要的走法是卒3进1进行冲击，破坏红方左马正跳的计划。

④马八进七

红方先跳正马改变了行棋次序，给黑方设下陷阱。常见的次序是车一平二，车9平2，马八进七，马2进4，双方互缠之势。

④……　　　　卒3进1

黑方挺卒贪子正中红方下怀，应改走车9平2，还原成正常的变化。

⑤兵七进一

红方弃马冲兵过河，着法凶悍，高瞻远瞩。

⑤……　　　　炮3进5　　⑥车一平二　车9进1

如图2-21，棋谚曰"得子失先非上策"，黑方阵形左右失衡，子力虚浮，遭到红方的抢先攻击。

⑦炮八进二

红方升炮巡河伏有左右的闪击，同时为边车开辟通道，好棋！

⑦……　　卒9进1

⑧炮五进四　士6进5

黑方如士4进5，则炮八平三！将5平4，车九进一，炮3平4，车九平六，炮4退6，车六进四，红方完全控制局面，黑方难以摆脱困境。

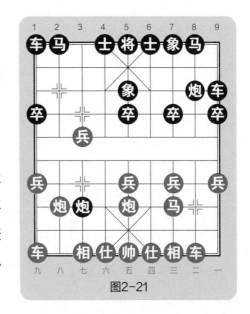

图2-21

⑨炮八平九

红方平边炮打车迫使黑右马进边路，牵制对方子力的同时还削弱了黑方中路的防守，是一举两得的好棋！

⑨……　　马2进1　　⑩车二进六　马8进7

黑方如卒1进1，则车二平三，炮8平7，炮九平二，接下来红方有车三平二及车九进二等手段，黑方也难以应付。

⑪炮五退一　卒7进1　　⑫车九进二　炮3退1

⑬车九平四　炮3平7　　⑭车四进六

红方弃子后的一系列着法井然有序，先手占尽。此时黑方全盘受制，已经难以为继。后续着法试演如下。

⑭……　　卒1进1　　⑮炮五平九　车1平3

⑯后炮进三　车3进4　　⑰后炮退一　车3进5

⑱后炮平五　车3退7　　⑲炮九进二　车3退2

⑳炮九退二　卒7进1　　㉑炮九平三

红方以炮换马，形成"铁门拴杀法"，入局干脆利落。

㉑……　　炮7退4　　㉒车二平四　炮8退2

㉓前车平三（红方胜定）

实用布局精要

第二篇

第三章　顺炮

第一节　顺炮直车对横车

例局1　红过河车式

① 炮二平五　炮8平5　　② 马二进三　马8进7

③ 车一平二　车9进1

形成顺炮直车对横车的基本阵形，这是顺炮开局体系中对抗性最强，变化也最为丰富的格局。以下红方主要有车二进六、马八进九、炮八平六、马八进七等走法，本局我们先来分析车二进六的变化。

④ 车二进六

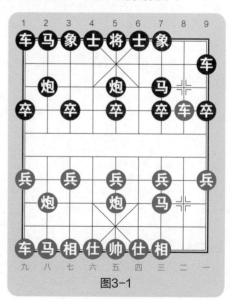

如图3-1，红方在左翼子力未动的情况下挥车过河，准备吃卒压马，是疾攻型走法。黑方如应以卒7进1，则车二平三，车9平4，仕四进五，马2进1，兵九进一，炮2平3，马八进九，车1平2，车九平八，红方过河车威力十足，黑方棋形呆滞，缺乏弹性。黑方主流的应法为车9平4和卒3进1，分述如下。

图3-1

着法1：车9平4

④……　　　车9平4　　　⑤车二平三　马2进3

⑥仕四进五

红方如走车三进一吃马，则黑方炮5进4抽吃红车。

⑥……　　　炮5退1

黑方退中炮可以反击红车，转换成屏风马阵形，阵形弹性很强。

⑦马八进九　卒3进1　　　⑧炮八平七　炮5平7

⑨车三平四　车1平2　　　⑩车九平八（双方均势）

着法2：卒3进1

④……　　　卒3进1

黑方先挺3卒开通马路，准备立即跃马出击。

⑤炮八平七

红方平炮暗伏冲七兵的手段，意图阻止黑方3路马出击。另如走车
二平三，则马2进3，马八进九，马3进4，也是可战之势。

⑤……　　　马2进3　　　⑥兵七进一　马3进4

⑦兵七进一　马4进5

黑方弃卒争先，右马疾进，形成著名的"天马行空"变例。

⑧车二平三

红车吃卒牵制对方子力，如改走马三进五，则炮5进4，仕四进五，
车9平6，炮七进二，车6进4，马八进七，炮2平5，黑方足可一战。

⑧……　　　马5退6

黑方也可走马5退3，则仕四进五，车9平4，马八进九，炮2平
3！炮五进五，象7进5，车三平四，车4进5，车九平八，车1进1，
黑方满意。

⑨马八进九　炮2退1

退炮反击红方过河车，是黑方双马连环的后续手段。

⑩兵三进一　炮2平7　　　⑪车三平四　马6进4

⑫炮七进二　马7进6（双方混战）

例局 2 红五六炮式

① 炮二平五　　炮 8 平 5

② 马二进三　　马 8 进 7

③ 车一平二　　车 9 进 1

④ 炮八平六

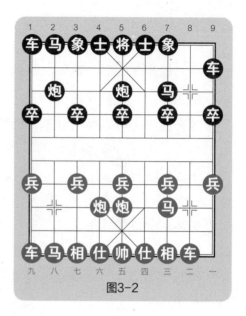

图3-2

如图 3-2，红方平仕角炮，构成五六炮阵式，左右可以相互保护，是相对稳健的走法。黑方以下有车 9 平 4 和马 2 进 3 两种走法，分述如下。

着法 1：车 9 平 4

④ ……　　　　车 9 平 4　　　⑤ 仕四进五　　马 2 进 1

黑方右马屯边，稳健。如改走马 2 进 3，则马八进七，车 1 平 2，车九平八，炮 2 进 4，车二进六，红方主动。

⑥ 马八进七　　车 1 平 2　　　⑦ 兵七进一　　士 4 进 5

⑧ 车九平八　　卒 1 进 1

黑方先进边卒细腻，如车 4 进 3，则车二进四，红方接下来有进马打车的先手。

⑨ 车八进六　　炮 2 平 3　　　⑩ 车八进三　　马 1 退 2

⑪ 车二进四　　车 4 进 5　　　⑫ 马七进六（红方先手）

着法 2：马 2 进 3

④ ……　　　　马 2 进 3

黑方先跳正马，横车待机而动，应着含蓄多变。

⑤ 马八进七　　车 1 平 2　　　⑥ 车九平八　　炮 2 进 4

黑方此时右炮封车，接下来有炮打中兵的先手。

⑦ 炮六进五

红方进肋炮打马，力求争先。如改走仕四进五，则卒7进1，车二进四，马7进6，黑方子力舒展，比较满意。

⑦……　　　　车9平7　　⑧车二进六

红方如车二进五控点，则炮2平5，马三进五，车2进9，马七退八，炮5进4，仕四进五，车7平4，马八进七，炮5退1，黑方可战。

⑧……　　　　马7退9　　⑨车二退二　卒7进1

⑩仕四进五（双方互缠）

例局3　红正马式

①炮二平五　炮8平5　　　②马二进三　马8进7

③车一平二　车9进1　　　④马八进七　车9平4

⑤兵三进一

红方左马正跳，再进三兵活通右马，对左翼有所呼应，从而加强对中心区域的控制。此棋路被象棋一代宗师胡荣华在20世纪60年代中期的全国大赛中采用，从而引领了顺炮直车对横车布局的发展方向，成为了红方在这一布局中最流行的变化，历经多年发展，长盛不衰。

⑤……　　　　马2进3

黑方跳正马是最具对抗性的走法，黑如改走马2进1，则马三进四，炮2平3，车九平八，车1平2，炮八进四，红方先手。另如走卒3进1，则车二进五，同样是红方先手。

⑥兵七进一　车1进1

如图3-3，双方形成顺炮直车两头蛇对双横车布局的基本棋形，变化丰富。红方接下来较为流行的

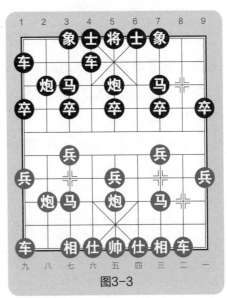

图3-3

是仕六进五、相七进九、马三进四这三种变化，分述如下。

着法 1：仕六进五

⑦仕六进五

红方补仕寓攻于守，是稳扎稳打的着法。

⑦……   车 1 平 3

黑方"马后藏车"，伏有弃卒后 3 路线通车的走法，构思巧妙。另一种主要的走法是车 4 进 5，红方则炮五平四或相七进九，双方亦是对抗之势。需要注意的是，黑方如车 4 进 3 巡河试图兑卒活马，则马三进四，车 4 平 6，炮八进二，卒 7 进 1，炮五平四，黑方巡河车遭到追击，红方主动。

⑧马三进四

红方如走车二进五骑河，则卒 7 进 1！车二平三，炮 5 退 1，车三平八，炮 2 进 5，车八退三（红方用车吃炮，保证车能顺利离开险地，避免被黑方利用，如炮五平八，则卒 3 进 1！车八平七，象 7 进 5，车七进一，炮 5 平 6！黑方有炮 6 进 2 打死车的威胁，红方只能车七平八，则马 3 进 4！车八退三，车 3 进 4，黑方优势），炮 5 平 7，炮五平六，炮 7 进 4，双方均势。

⑧……   卒 3 进 1   ⑨兵七进一   马 3 退 5

黑方回窝心马亮车正确！如改走马 3 进 4 则弄巧成拙，红方可马四进六，车 3 进 3，马六进五，车 3 进 3，车二进二！接下来有炮五进四打将抽车的手段，红方多子大优。

⑩车二进五   卒 7 进 1

黑方弃卒活马争先，典型的腾挪手段。

⑪车二平三   象 7 进 9   ⑫车三平六   车 4 进 3

⑬马四进六   车 3 进 3

黑方 3 路车巡河，"马后藏车"布局的战略目标顺利实现。

⑭马六进五   象 3 进 5   ⑮马七进六   车 3 平 4

⑯马六退七   车 4 进 2   ⑰炮五平二（红方先手）

着法 2：相七进九

⑦相七进九

红方飞边相未雨绸缪，活通九路车策应左马。

⑦……　　　　卒 1 进 1

黑方进边卒，接下来 1 路车可以通过兑边卒从边路杀出，这是针对红方边相"量身定做"的走法，思路别具一格。如改走车 4 进 5，则马三进四，车 4 平 3，车九平七，卒 3 进 1，炮五平三！黑方 3 路车陷入困境，红方易走。另如走车 1 平 3，则车九平七，黑方 3 路通车的计划不能实现。

⑧仕六进五　卒 1 进 1　　　⑨兵九进一　车 1 进 4

⑩车二进五　炮 2 平 1　　　⑪炮八退一　车 4 平 1

黑方肋车平边持续对红方边相进行攻击，作战目标明确。如改走车 4 进 7，则炮八平九，车 1 平 3，炮九进六，车 3 进 2，炮九平五，象 3 进 5，车二进二，马 7 退 5，马三进四，马 5 退 3，马四进三，士 4 进 5，马三进四，后马进 4，车二平五，马 3 退 4，车五平三，前马退 6，车三进一，黑马被捉死，红方大优。

⑫车九平六

简明弃相，避免在边线的纠缠，是红方在实战中采用最多的走法。如改走炮八平九，则前车平 3，炮九进六，车 1 进 1，相九进七，车 1 进 7，仕五退六，车 1 退 4，马七进六，卒 7 进 1！车二平三，车 1 平 3，车三进二，车 3 平 4，黑方反夺主动。

⑫……　　　　炮 1 进 5　　　⑬炮八平九　炮 1 平 5

⑭相三进五　后车平 2　　　⑮炮九平七　卒 5 进 1

红方子力开扬，黑方多吃一相，双方互有顾忌。

着法 3：马三进四

⑦马三进四

红方右马盘河，着法具有控制力，也是流行的战术变化。

⑦……　　　　车4进7

黑方肋车挺进下二路，伺机骚扰，是经典战术之一。如改走车4平6，则马四进三，车6进2，红方兵三进一或炮五平三，双方对抢先手。

⑧炮八进二

红方八路炮巡河，巩固河口堡垒。如改走相七进九，则车1平6，炮八进二，卒3进1，炮五平四，炮5平6，马四进三，炮6进7！黑方闪击得手。

⑧……　　　　卒3进1

黑方弃卒打破红方河口堡垒的封锁，战法强硬。稳健的走法可考虑车1平6。

⑨兵七进一　车1平6　　　⑩马四进三　车6进3

黑车巡河威胁过河兵，借此攻击红方七路线。如改走车6进2，则兵三进一，卒5进1，从中路发动攻势，红方可车九进一！车4退1，车九平七，马3进5，仕四进五，车4退1，炮八平二！红方左炮右移随时有炮二进二打车的手段，黑方劣势。

⑪兵七进一　马3退5　　　⑫炮八平五　车6平3

⑬车九平八　炮2平4

双方对抢先手。

第二节　顺炮横车对直车

例局

①炮二平五　炮8平5　　　②马二进三　马8进7

③车一进一　车9平8　　　④车一平六

红方起横车过宫占肋，攻击黑方右翼，双方形成顺炮横车对直车的基本阵形。

④……　　　　车8进4

黑方高车巡河，攻守兼备。在古谱中，黑方还有车8进6的攻法，以下兵七进一，车8平7，马八进七，士4进5（不能车7进1吃马，否则红方有炮五进四打将抽车的棋），马七进六，黑方右翼子力出动缓慢，明显不利。

⑤马八进七　马2进3

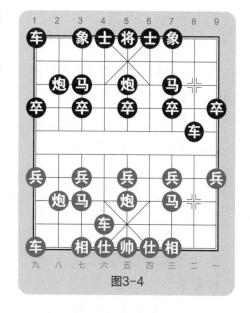

图3-4

如图3-4，双方均起双正马，加强中心区域的战斗力，是现代的流行走法。红方如车九进一或兵三进一活通子力，黑方亦可卒3进1从容布阵。此时红方有车六进五和炮八进二两种主流走法，分述如下。

着法1：车六进五

⑥车六进五

红方进车卒林线，准备攻打黑方右马。

⑥……　　　　炮2进2

黑方右炮巡河便于调动和闪击，同时为1路车保护3路马腾出线路。如走车8平3看似一举两得，但红方接走相七进九，则车3进2，车九平七，红方下一步马七退五兑车，黑车走动过多，损失有效步数，红方易走。

⑦车六平七

红车吃卒捉马，步步紧逼。

⑦……　　　　车1进2　　⑧兵七进一　炮2进2

黑方如炮2退3，则马七进六，炮2平3，车七平八，马3进4，车八进二，车1平3，炮五平七，车3进3，相七进五！车3退3，炮七进六，炮5退1，车八退三，车3退1，兵三进一，红方主动。

⑨兵三进一　炮2平3　　⑩车七平八　马3进2

⑪炮八进二（红方先手）

着法2：炮八进二

⑥炮八进二

红方升炮巡河，伺机闪击亮出左车，战法灵活。

⑥……　　　卒3进1　　　⑦车六进五　士4进5

黑方补4路士为右马留退路，保持阵形的工整，是稳健的走法。黑方如象3进1（不可马3进4，否则炮八进一，红方牵制得子），则炮八平五！马3进4，前炮进三，象7进5，车九平八，炮2平3，车八进七，车1平3，兵五进一，红方主动。

⑧炮八平三

红方如走车六平七（逼退黑马但巡河炮也失去了炮八平三的先手，利弊参半），则马3退4，炮八平九，炮2平1，车九平八，炮1进3，兵九进一，车8平7，炮五平六，车7进2，相七进五，互有顾忌。

⑧……　　　马3进4　　　⑨车九平八　炮2平3

双方对抢先手。

第三节　顺炮直车对缓开车进7卒

例局1　红正马式

①炮二平五　炮8平5　　　②马二进三　马8进7
③车一平二　卒7进1

黑方先进7卒缓出左车的走法，可策略性地避开红方的三兵正马式布阵，在20世纪70年代曾被广泛运用，成为顺炮布局的一个重要体系。红方主要有进正马和进边马两种走法，本局我们先来看进正马的变化。

④马八进七　马2进3　　　⑤兵七进一

如图3-5，接下来黑方主要有炮2进4和车9进1两种走法，分述如下。

着法1：炮2进4

⑤……　　　　炮2进4

黑方右炮过河窥视红方三兵。

⑥马七进八

红方跳外马可以达到封锁黑方右车直出的作用，稳健有力。此时亦可走马七进六或车九进一。

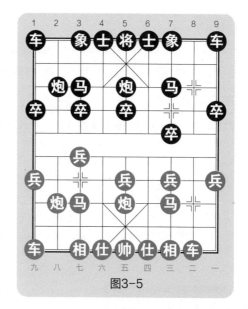

图3-5

⑥……　　　　炮2平7

黑方过河炮直接打兵，次序上相比传统走法有所改变，接下来有车9平8兑车赚相的手段，是战术性很强的一种走法。如改走车9进1，则车九进一，车9平4，仕四进五，炮2平7，车九平七，双方的攻防将围绕着红方七路线和黑方过河炮来展开，从实战结果看，红方占据上风。

⑦车九进一

红方迅速启动左车，战法积极，是改进后的布局战术。如顾虑底相被威胁，而走仕四进五或相三进一则局面相对缓和。

⑦……　　　　车9平8　　　⑧车二进九

红方宁可丢相也不愿失先。如改走车九平四，则车8进9，马三退二，车1进1，仕四进五，卒7进1，红方布阵略感示弱。

⑧……　　　炮7进3　　　⑨仕四进五　　马7退8

⑩车九平六

红方出子较快，黑方捞得物质实惠，各有所得。

着法2：车9进1

⑤……　　　　车9进1　　　⑥车二进四

红方右车巡河伺机兑三兵活马，符合棋理。

⑥······　　　　车1进1

黑方进双横车待变，可掩护左翼，正着。如习惯性地选择走车9平4，则兵三进一，卒7进1，车二平三，炮5退1，马七进六！炮5平7，车三平四，炮2进3，车四进三，车4进4，车四平三，炮7进6，炮八平三，象7进5，炮三平一，红方优势。

⑦兵三进一　卒7进1　　　⑧车二平三　车9平7

⑨炮五退一　马7进8　　　⑩车三平二　马8退6

⑪车九进一　炮2进2　　　⑫车九平六　炮2平5

⑬车六进一（双方互缠）

例局2　红边马式

①炮二平五　炮8平5　　　②马二进三　马8进7

③车一平二　卒7进1　　　④马八进九　马2进3

在红方进边马的局面中，黑方进正马对抗性较强。如卒1进1，则车九进一，马2进1，车九平六，炮2平3，炮八进四，红方主动。

⑤炮八平七

如图3-6，黑方以下主要有炮2进4和车9进1两种走法，分述如下。

着法1：炮2进4

⑤······　　　　炮2进4

黑方右炮进至兵林线，封锁红方左翼。

⑥兵七进一　象3进1

⑦兵七进一　象1进3

⑧马九进七　车9进1

黑方如改走炮2平5，则马三

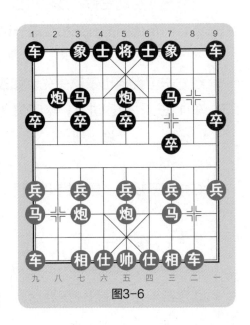

图3-6

进五，炮5进4，仕六进五，炮5退2，车九平八，红方出子速度明显领先。

⑨马七进六

红方弃七兵引黑方飞高象，再扑出边马攻击黑方3路"蹩脚马"抢先，是一种针对性很强的战术手段。

⑨……　　　　马3退1

黑方退边马，避免主力受到牵制。如改走车1平3，则兵三进一！卒7进1，车九平八，车9平2，车二进六，马7进6，车二退一！马6进4，炮七进四，马3退1，炮五进四，士4进5，炮七平一，红方以下有沉底炮攻势，黑方难以抵挡。又如改走车1进2，则车九平八，炮2平7，马六进五，象3退5，兵五进一！也是红方易走。

⑩车九平八　　车1平2

黑方如炮2平7，则马六进五，象3退5，兵五进一，下一步车八进三捉炮，红优。

⑪炮七平六　　车9平6　　　　⑫车二进六（红方易走）

着法2：车9进1

⑤……　　　　车9进1　　　　⑥车九平八

黑方起横车策应右翼，红方如再走兵七进一，黑方可走车9平4或马7进6以攻代守与红方对抢先手。

⑥……　　　　马7进6

黑方跃马河口抢占要点，如改走车1平2，则车八进五，双方互缠。

⑦车二进四　　车9平4　　　　⑧仕四进五　　车1平2

⑨车八进六　　炮5平6

黑方卸中炮调整棋形，如走炮2平1兑车，则车八平七，车2进2，车七退二，红方主动。

⑩兵九进一　　车4进4　　　　⑪车二平六　　马6进4

⑫炮七进四　　象3进5（双方均势）

第四章　列炮

第一节　大列炮

例局

① 炮二平五　　炮2平5

② 马二进三　　马8进9

在列炮局中，黑方左马屯边，称为"大列炮"。大列炮是古老的布局，象棋古谱中即有记载。

③ 车一平二　　车9平8

如图4-1，红方主要有炮五进四、马八进七、炮八平七三种走法，分述如下。

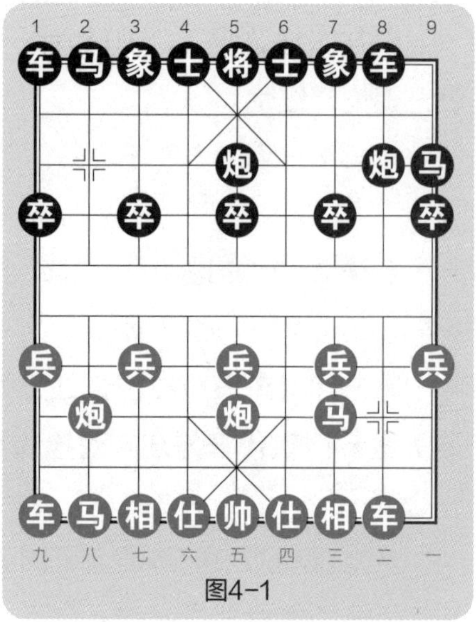

图4-1

着法1：炮五进四

④ 炮五进四

布局伊始便炮打中卒，一定程度上也会影响大子的出动速度，是各有利弊的走法。

④……　　　士6进5　　⑤炮八平五　　马2进3

⑥ 前炮平一

红方如走炮五退一，则马2进3，炮八平五，车1平2，马八进七，车2进6，双方各有顾忌。

⑥……　　　　车1平2　　⑦马八进七

红方先手。

着法2：马八进七

④马八进七

红方起正马对抗性更强。如走马八进九，则马2进3，车九平八，车1平2，兵九进一，卒9进1，车二进四，炮8平7，车二平六，车2进6，黑方可以抗衡。

④……　　　　马2进3　　⑤车九平八　车1平2

⑥兵七进一

红方如走炮八进四封车，则卒3进1，车二进五，卒7进1，车二平三，炮5退1，黑方可以一战。

⑥……　　　　车2进6　　⑦马七进六　炮8平6

⑧车二进九　马9退8　　⑨兵七进一　车2退1

⑩兵七进一　车2平4　　⑪兵七进一　车4平2

黑方平车牵制，具有大局观，是抗衡的重要着法。

⑫炮五进四　士4进5　　⑬相七进五

红方如走兵七进一，则马8进7，红方阵势不稳，黑方亦可抗衡。

⑬……　　　　马8进7　　⑭炮五退二　卒7进1

双方互有顾忌。

着法3：炮八平七

④炮八平七　马2进3　　⑤炮七进四

红方平七路炮再打掉对方马前卒，构思别具一格。

⑤……　　　　象3进1　　⑥马八进七　士4进5

⑦车九平八　车1平4　　⑧兵七进一

红方先手。

第二节　小列炮

例局

①炮二平五　炮2平5　　②马二进三　马8进7

在列炮局中，黑方左马正跳，对抗性较强，称为"小列炮"。

③车一平二　车9平8　　④车二进六（图4-2）

红方右车过河，抢占空间，是常见战法。

④……　　　　马2进3

黑方如走炮8平9，则车二平三，车8进2，炮八进二！（红方抬炮巡河，攻守兼备）马2进3，马八进七，卒3进1，车九进一，车1平2，炮八平三，红方主动。

⑤马八进七　车1平2

⑥车九平八　炮8平9

⑦车二进三

红方兑车，稳健走法！如走车二平三，则车8进2，黑方以后有炮9退1的反击手段。

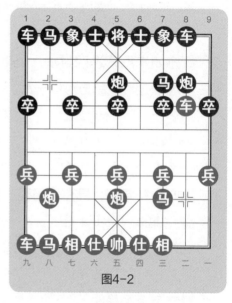

图4-2

⑦……　　　　马7退8　　⑧炮八进四　卒3进1

⑨兵三进一　炮9平7　　⑩马三进四　炮7进3

黑炮打三兵，可疏通左马，是上一步的后续手段。

⑪马四进五　马3进5　　⑫炮五进四　士6进5

双方均势。

第三节 中炮进三兵对左炮封车转列炮

例局1 红右马急进式

① 炮二平五 马8进7 ② 马二进三 车9平8

③ 车一平二 炮8进4 ④ 兵三进一 炮2平5

黑方进炮兵林线形成封锁，继而后补列炮，牵制红方中路，战法积极。至此，形成中炮对左炮封车转列炮布局的基本阵形。

⑤ 马三进四

红方跃马河口直接对黑方过河炮产生威胁，是一种攻击性较强的走法，顿时使局面进入对抢先手的状态。

⑤……   马2进3

黑方进马准备出车抢先，是较好的应着。

⑥ 马四进六

红方"单马闯营"力争先手，如改走兵三进一攻击黑方过河炮，则车1平2，兵三进一，炮8平3，车二进九，马7退8，马八进七，卒3进1，红方虽有兵过河，但左车晚出，黑方足可抗衡。

⑥……   车1平2

⑦ 马八进七 车2进2

⑧ 炮八进四 车8进4

⑨ 兵三进一

红方弃兵是为了保持"快马"的攻击力。

⑨……   卒7进1

⑩ 车九平八 卒3进1

如图4-3，红方主要有炮八平七和马六进四两种走法，分述如下。

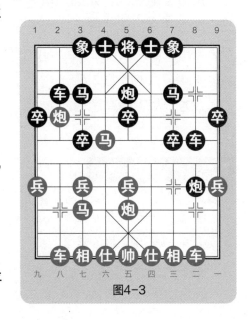

图4-3

着法1：炮八平七

⑪炮八平七　车2进7　　　⑫马七退八　马3退1

⑬车二进一

红方如走马八进七，则炮8进2封锁红车，黑方可战。

⑬……　　　　卒7进1　　　⑭马六进四　炮5进4

⑮仕六进五　车8进1

黑方足可一战。

着法2：马六进四

⑪马六进四　车8退3　　　⑫炮五平三　马3进4

黑方如马7进6，则炮八平七，象3进1，马四进三，将5进1，马三退五，车2进7，马五退三！红方易走。

⑬炮三进五　马4进5

正着！黑方如炮5进4，则马七进五，马4进5，炮三退一或炮三平二，红方优势。

⑭马七进五　炮5进4　　　⑮炮三平二　炮8平6

黑方平炮求战，如选择车2平8，则马四进二，车8进1，炮八退三，炮5平2，车八进三，炮8平2，车二进七，炮2平9，双方发展下去将形成车兵对炮士象全的正和残局。

⑯车二进四　炮5退2

双方混战，各有顾忌。

例局2　红两头蛇式

①炮二平五　马8进7　　　②马二进三　车9平8

③车一平二　炮8进4　　　④兵三进一　炮2平5

⑤兵七进一

红方进七兵，形成灵活多变的"两头蛇"阵式，是该局面下最流行的走法。

⑤……　　　　马2进3

如图4-4，红方主要有马八
进七和马八进九两种走法，分述
如下。

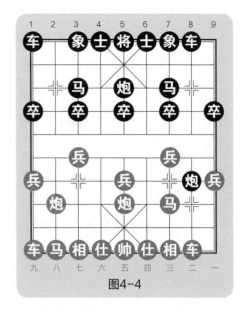

图4-4

着法1：马八进七

⑥马八进七　车1平2

⑦车九平八　车2进4

黑方右车巡河可接应左翼，是
较为经典的走法。如改走车2进6，
则马七进六！红方随时有兵七进一
对黑车发动攻击的手段，黑车有扑空之感。

⑧炮八平九　车2平8　　　⑨车八进六　炮8平7

红方左车过河威胁黑3路马，黑方则平炮压马争先，寸步不让。另
一种稳健走法是炮5平6掩护3路马，则车八平七，象7进5，炮五进
四，马3进5，车七平五，炮6进5，车五平四，炮6平1，相七进九，
红方稍优。

⑩车八平七

红方平车杀卒，战法强硬。如车二平一躲车，则炮5平6，双方亦
是对峙之势。

⑩……　　　　前车进5　　　⑪马三退二　车8进9

⑫车七进一　车8平7　　　⑬车七进二

双方各攻一翼，各有顾忌。

着法2：马八进九

⑥马八进九

红方进边马，以后准备平七路炮威慑黑方3路弱马。

⑥……　　　　车1平2　　　⑦车九平八　车2进5

黑方骑河车捉兵骚扰红方左翼，也可走车2进4巡河，以下炮八平七，车2平8，车八进六，炮8平7，车二平一，卒7进1（黑方此时就不宜炮5平6了，否则红方可车八平七，以下象3进5，兵七进一，黑方巡河车不能吃过河兵，否则兑车后红方炮七进五得子。只能眼看红方下一步兵七平六以炮攻马，黑方大为不利），车八平七，马3退5，双方对抢先手。

⑧兵九进一

红方进边兵捉车争先，亦有炮五退一、仕四进五等走法。

⑧……　　　　车2平3　　　⑨炮五退一　炮8平7

⑩相三进五　车8进9　　　⑪相五进七　车8退5

⑫炮八平七　卒3进1

黑方如马3退5，则相七退五，炮5平3，炮七进五，马5进3，车八进七，马3退5，马九进八，红方优势。

⑬相七退五　马7退5　　　⑭车八进八

红方进车黑方下二路是进攻窝心马的典型战术。另如炮五平七，则卒3进1，红方此时如误走前炮进五贪子，则马5进3，炮七进六，车8进3，红方右翼出现破绽，形势不妙。

⑭……　　　　卒3进1　　　⑮炮五平七　马3进4

⑯车八平六　象3进1　　　⑰前炮平八　炮5平2

⑱相五进七（红方先手）

第五章　中炮对屏风马

中炮对屏风马是象棋中最为庞大的布局体系，也是棋手们较量得最多的焦点布局。主要分为中炮直车进七兵或进三兵对屏风马、中炮横车对屏风马、中炮缓开车对屏风马等几大类型。

第一节　中炮七兵过河车对屏风马左马盘河

例局1　黑7卒过河式

①炮二平五　马8进7　　　②马二进三　车9平8

③车一平二　马2进3　　　④兵七进一　卒7进1

⑤车二进六　马7进6　　　⑥马八进七

至此，形成中炮七兵过河车对屏风马左马盘河布局的基本阵形。黑方左马盘河，随时有卒7进1过河捉车的先手。双方也将围绕这一主线展开激烈的争夺。以下黑方主要有卒7进1、象3进5、象7进5、车1进1等走法，我们本局首先来看黑方挺7卒的变化。

⑥……　　　　　卒7进1

如图5-1，黑方进7卒过河捉车燃起战火。红方主要有车二平四和车二退一两种走法，分述如下。

着法 1：车二平四

⑦车二平四　马6进8

黑方如卒7进1，则车四退一，卒7进1，马七进六，卒7进1，兵七进一！卒3进1，炮八平七，红方攻势非常强劲。

⑧兵三进一

红方采用先弃后取战术取得多兵之势，如改走马三退五，则卒7进1，马七进六，炮8平5，马五进七，炮2进4！兵七进一，卒3进1，马六退八，卒3进1，马八进七，士6进5，黑方弃子争先，足可一战。

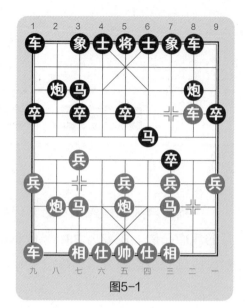

图5-1

⑧……　　　马8进7　　⑨炮五进四　马3进5

黑方弃还一子是明智的走法。如马7退9，则炮五退一，红方架住空头炮，攻势强大。

⑩车四平五　士6进5　　⑪炮八平三　炮8进7

红方兵种齐全且多两个兵，黑方双车双炮行动迅速，具有很强的攻击力。双方各有顾忌。

着法 2：车二退一

⑦车二退一　马6进7　　⑧车二平三

红方捉死黑方过河卒，简明有力。

⑧……　　　象7进5　　⑨车三退一　车8平7

⑩车三进五　象5退7　　⑪炮八进一　马7进5

⑫相七进五

红方子力活跃，稳占先手。

例局 2 黑右象式

① 炮二平五　　马 8 进 7　　② 马二进三　　车 9 平 8

③ 车一平二　　马 2 进 3　　④ 兵七进一　　卒 7 进 1

⑤ 车二进六　　马 7 进 6　　⑥ 马八进七　　象 3 进 5

如图 5-2，黑方飞右象，两翼发展均衡，是风靡一时的经典走法。红方接下来有车二平四和炮八平九两种主要攻法，分述如下。

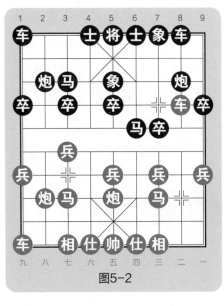

图5-2

着法 1：车二平四

⑦ 车二平四

红方车二平四平车捉马，消除右车所受的威胁，着法稳健。

⑦……　　　　　马 6 进 7

⑧ 马七进六　　炮 8 平 7

黑方平炮舒展左翼子力，亦可选择士 4 进 5，炮五平六，炮 8 平 6 的变化。

⑨ 车四平三

红方如直接炮五平六，则车 8 进 5 捉马，炮八进二，卒 3 进 1，马六进四，车 8 退 4！黑方反占先手。

⑨……　　　　炮 7 平 6　　　⑩ 炮五平六　　士 4 进 5

⑪ 相七进五（双方互缠）

着法 2：炮八平九

⑦ 炮八平九

红方形成五九炮阵式，均衡发展子力，在两翼牵制对手，是此局面下先手方最流行的战法。

⑦……　　　　车1平2　　　⑧车九平八　炮2进4

黑方如卒7进1，则车二退一，卒7进1，马三退五，马6退7，车二进一，炮8平9，车二平三，车8进2，马七进六！红方仍占主动。

⑨车二平四

红方平车驱逐盘河马，再跃马河口占领高点，既可威胁黑方过河炮又窥视中卒，是经典的棋路选择。

⑨……　　　　马6进7　　　⑩马七进六　车8进1

黑方8路车高一步支援右翼，策划弃子争先。另如炮8平7或炮8进4，红方可采用马六进五吃中卒的战术，稳占先手。

⑪兵七进一　　车8平4　　　⑫车八进三　车4进4

⑬车八进六　　马3退2（红方先手）

例局3　黑左象式

①炮二平五　　马8进7　　　②马二进三　车9平8
③车一平二　　马2进3　　　④兵七进一　卒7进1
⑤车二进六　　马7进6　　　⑥马八进七　象7进5

⑦兵五进一

红方进中兵，是对付黑方左象的常用进攻手段。如改走车二平四，则马6进7，马七进六，车1进1，炮八平六，炮2退1，双方对峙。又如改走车二退二，则炮2进2，黑方也是对抗之势。

⑦……　　　　卒7进1　　　⑧车二平四　马6进7

黑方如卒7进1，则车四退一，卒7进1，车九进一，炮8平7，相三进一，红方子力位置通畅，仍占先手。

⑨马三进五（图5-3）

红方先盘中马，蓄势待发。如改走兵五进一，则卒5进1，马三进五，卒5进1，马五进三，炮8平7，车四退三，车1进1，炮八进二，车1平8，炮八平五，士6进5，车九平八，后车平6，车八进三，车

8平6，车四进五，车6进1，前炮进一，车6进4，后炮平三，马3进5，黑方足可抗衡。

⑨……　　　　炮8进7

黑方沉底炮对攻，正着！如改走炮8进5，则兵五进一，炮8平3（士4进5，马五进三！马7进5，炮八平五，炮8平3，车九平八，车1平2，兵五进一，红方弃子有攻势），马五退七，卒5进1，马七进五，马7进5，相七进五，卒5进1，马五进三，炮2进4，仕六进五，车1进1，车九平六，红方优势。

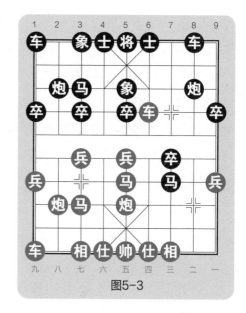

图5-3

⑩兵五进一

红方如马五进三，则车8进5，马七进五，炮2进3，黑方可战。

⑩……　　　　炮8平9　　⑪车九进一

红方如炮五平二防止黑方下底车，则炮2进1，马五进三，车8进5，车九进一（如马三进二，车1进1，红方右马将成为被攻击的目标），车8平7，炮二进七，士6进5，车四退三，卒5进1，车九平三，车1进1，车三进二，车7进1，车四平三，士5进6！黑方有惊无险，足可抗衡。

⑪……　　　　车8进9　　⑫车九平三　　炮9平7

⑬帅五进一　　车1进1

双方形成对攻。

例局4　黑右横车式

①炮二平五　马8进7　　②马二进三　车9平8

③车一平二　马2进3　　④兵七进一　卒7进1

⑤车二进六　马7进6　　⑥马八进七　车1进1

如图5-4，黑方抬右横车，加快主力车的出动速度，对抗性极强，是近些年后手方最流行的走法。红方主要有兵五进一和车二平四两种走法，分述如下。

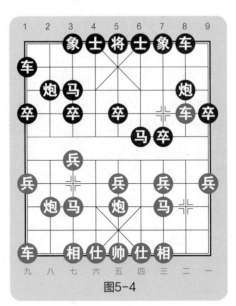

图5-4

着法1：兵五进一

⑦兵五进一

针对黑方中路不补棋的阵势，红方果断选择主攻中路。

⑦……　　　　　卒7进1

黑方冲7卒捉车，势在必行。因为红方马上有兵五进一再马七进五的手段，会动摇河口马，黑方必须有所行动。

⑧车二平四　卒7进1

这是黑方最具对抗性的走法，如改走马6进8，则马三进五，卒7进1，兵五进一，卒5进1，马五进三（如炮五进三，则马8进6，红方虽有空头炮但局势难以把握），炮8平5，车四平七，红方易走。另如改走马6进7，则兵五进一，车1平7，兵五进一，士6进5，马三进五，红方主动。

⑨兵五进一　卒7进1　　⑩兵五进一　士4进5

⑪车四退一　车1平4

如图5-5，双方各有一兵（卒）过河，大子也即将进入主战场，大战一触即发。在这个复杂多变的中局盘面中，可供选择的棋路也比较多。红方此时有兵五平四、仕六进五、车九进一、兵七进一、马七进五、炮八平九等多种变化，双方均有激烈争夺。

着法2：车二平四

⑦车二平四　马6进7

⑧马七进六

红方平车赶走黑马，再进七路马抢占河口要点，着法颇有效率。如走炮八进一，则卒7进1，车四平三，车8进1，车三退二，马7进5，相七进五，车1平7，车三进四，车8平7，马三进四，车7进3，双方平稳。

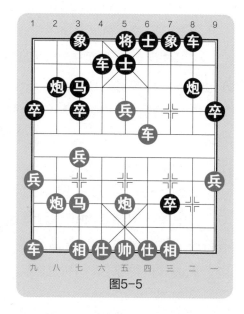

图5-5

⑧……　　　　车8进1

黑方联车准备邀兑红车，如随手走车1平4捉马，则马六进五，马7进5，车四进三！将5平6，马五进六，士4进5，相七进五，红方优势。

⑨炮五平四

红方平炮阻止黑方兑车并在接下来有马六进四的手段。此回合红方亦有马六进五、仕六进五等走法。

⑨……　　　　炮8平7

黑方平炮化解对方威胁，正着。

⑩炮八平七　车1平4　　⑪马六进四　士4进5

⑫马四退三　炮7进4　　⑬相三进五　象7进5

⑭车九平八　炮2进4（双方对峙）

第二节　中炮七兵过河车对屏风马平炮兑车

例局1　红进中兵式

①炮二平五　马8进7　　②马二进三　车9平8

③车一平二　　马2进3　　　④兵七进一　　卒7进1

⑤车二进六　　炮8平9　　　⑥车二平三　　炮9退1

这是中炮七兵过河车对屏风马布局当中，黑方用平炮兑车来应对红方过河车，红方平车压马向黑方施压，黑方则顺势退炮准备炮9平7逐车反击。至此，红方有多种经典的流行布局战术，如急进中兵式、五七炮式、五六炮式及正马式，我们本局先来看急进中兵的变化。

⑦兵五进一

如图5-6，红方左翼子力不动，进中兵从中路正面进攻，着法很有压迫性。黑方主要有马3退5和士4进5两种走法，分述如下。

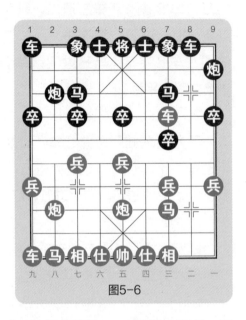

图5-6

着法1：马3退5

⑦……　　　　马3退5

黑方马退窝心险中求攻，接下来有炮9平7攻车的手段，令红方中路进攻不能按计划推进。

⑧炮八进四

红方进炮窥视中卒，着法有力。如改走兵五进一，则炮2平5，红方中路攻势受阻。另如改走车三退一，则象3进5，车三平六，马5退3，局面相对缓和。

⑧……　　　　卒3进1

黑方弃3卒争取到炮9平7打车的手段，是局面抗衡的要着。

⑨兵七进一　　炮9平7　　　⑩炮五进四

红炮打中卒保持复杂变化，如改走车三平二，则车8进3，炮八平二，马5进6，兵五进一，炮2平5，兵五进一，炮5进5，相七进五，马6进5，黑方子力灵活，足可一战。

⑩……　　　　象3进5

黑方如象 7 进 5 或马 7 进 5 也另有复杂变化。

⑪车三平四

红方如车三进一弃车搏杀，则炮 2 平 7，兵五进一，卒 7 进 1，马三进五，卒 7 进 1，双方形成混战，均无把握。

⑪……　　　马 7 进 5　　　⑫车四平五　　马 5 进 7

⑬车五平四　　车 1 平 3　　　⑭兵七进一　　马 7 进 8

双方各有顾忌。

着法 2：士 4 进 5

⑦……　　　士 4 进 5

黑方补士巩固中防，顺理成章，也是最经典的走法。

⑧兵五进一

红方连续冲中兵，形成著名的急进中兵布局。如改走炮八平七，则炮 9 平 7，车三平四，卒 7 进 1！兵三进一，车 8 进 6！马八进九，炮 2 进 3！兵七进一，卒 3 进 1，炮七进五，车 1 进 2，炮七退一，卒 3 进 1，黑方弃子争先，双方各有顾忌。

⑧……　　　炮 9 平 7　　　⑨车三平四　　卒 7 进 1

黑方进 7 卒以攻对攻，如卒 5 进 1 则是较为稳健的策略。

⑩马三进五　卒 7 进 1

红方右马出击，准备接下来马五进六踩黑方的 3 路蹩脚马。如兵三进一，则黑方象 3 进 5 或卒 5 进 1，均是可战之势。

⑪马五进六

如图 5-7，双方形成中炮过河车急进中兵对屏风马平炮兑车布局的经典局面。双方剑拔弩张，形势

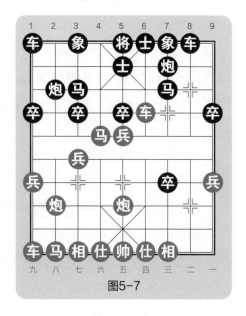

图5-7

极度复杂。黑方此时可选择车8进8或卒5进1弃马争先，也可选择马3退4逃马，接下来均是激烈对攻的变化。

例局2　红五七炮式

① 炮二平五　马8进7　　② 马二进三　车9平8

③ 车一平二　马2进3　　④ 兵七进一　卒7进1

⑤ 车二进六　炮8平9　　⑥ 车二平三　炮9退1

⑦ 炮八平七　马3退5

棋谚说："马退窝心，不死也昏。"但此时黑方3路马退窝心有炮9平7打车的威胁，着法灵活，局面顿显活力，是应对炮八平七的经典战术之一。如图5-8，红方如没能察觉黑方意图，随手走马八进九，则炮9平7，炮五进四，马5进3（黑方顺势跳出窝心马，一箭双雕，红方必丢一子），车三平四，马3进5，炮七平五，炮2平5，黑方得子占优。红方主要有炮五进四和车三退一两种走法应对，分述如下。

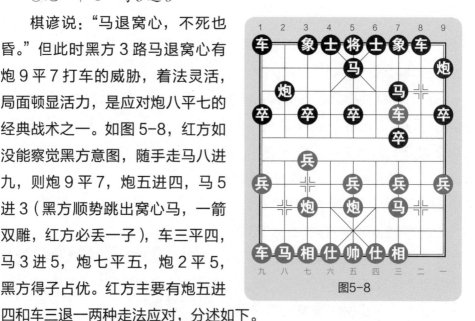

图5-8

着法1：炮五进四

⑧ 炮五进四

红炮打中卒解除危机，控制卒林线。

⑧ ……　　马7进5　　⑨ 车三平五　车1平2

黑方开出右车均衡发展，蓄势待发。如卒7进1强攻，则兵三进一，炮2平7，炮七进四！炮7进5，炮七退一，车8进4，炮七平五，红方弃子搏杀，局面复杂。

⑩相七进五　车8进8

黑方点车下二路，意味深长，为反击埋下伏笔。

⑪马八进九

红方如仕六进五，则炮2平7，炮七进四，炮7进4，马八进七，象3进5，黑势颇具弹性。

⑪……　　　　炮2进5（黑方可战）

着法2：车三退一

⑧车三退一

红方退车杀卒脱离险地。

⑧……　　　　车8进8

黑方同样点车下二路，为以后炮9平7瞄准红方三路线反击做准备。另如走象3进5捉车，则车三平八，马5退3，兵三进一，形成纠缠局面。

⑨车三平八　车1进2　　　⑩兵三进一　炮9平7

黑方子力出动迅速，足可一战。

例局3　红五六炮式

①炮二平五　马8进7

②马二进三　车9平8

③车一平二　马2进3

④兵七进一　卒7进1

⑤车二进六　炮8平9

⑥车二平三　炮9退1

⑦炮八平六

如图5-9，红方平炮仕角，布

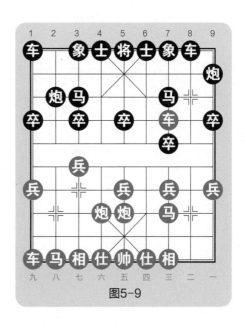

图5-9

成五六炮阵式，是一种稳中带凶的布局风格。黑方以下主要有车 1 平 2、马 3 退 5、车 8 进 5 三种走法，分述如下。

着法 1：车 1 平 2

⑦……　　　车 1 平 2

黑方出动右车，正常出子。

⑧马八进七　炮 2 平 1　　⑨车九进二

红方高左车，伺机兑车，是稳健的走法。如兵五进一中路进攻，则炮 9 平 7，车三平四，炮 7 平 5，炮六退一，双方局面紧张。

⑨……　　　士 6 进 5　　⑩马七进六　炮 9 平 7

⑪车三平四　象 7 进 5　　⑫马六进七　车 8 平 6

⑬车四平二　炮 1 退 1（双方互缠）

着法 2：马 3 退 5

⑦……　　　马 3 退 5　　⑧炮五进四

红方炮击中卒，打通卒林线。如改走车三退一，则象 3 进 5，车三平六，马 5 进 3，双方互缠。

⑧……　　　马 7 进 5　　⑨车三平五　炮 2 平 5

⑩相七进五　车 1 进 2　　⑪车九进一

红方出横车着法灵活，如按部就班走马八进七，则车 1 平 4，仕六进五，马 5 进 7，车五平四，炮 9 平 5，马七进八，车 8 进 7，黑方呈反击之势。

⑪……　　　车 1 平 2　　⑫马八进七　车 2 平 4

⑬炮六进二　马 5 进 7　　⑭车五平三　炮 5 进 1

⑮车九平四（双方互缠）

着法 3：车 8 进 5

⑦……　　　车 8 进 5

黑方进车骑河捉兵，力争先手。

⑧马八进七　车8平3　　⑨车九平八　车1平2

⑩车八进三　士4进5　　⑪兵五进一　炮9平7

⑫车三平二　炮2平1　　⑬车八平四　炮7平9

黑炮平边，避免被骚扰。如走象7进5，则车二进一，马3退4，车四进五，炮7退1，兵五进一，卒5进1，炮六进六，红方有攻势。

⑭相七进九　车3退1　　⑮仕四进五（双方互缠）

例局4　红七路马式（1）

①炮二平五　马8进7　　②马二进三　车9平8

③车一平二　马2进3　　④兵七进一　卒7进1

⑤车二进六　炮8平9　　⑥车二平三　炮9退1

⑦马八进七　士4进5

黑方补4路士是最经典的走法，子力发展趋向均衡。另一种走法是车1进1，详细变化见下文的例局5。

如图5-10，红方进正马是变化丰富的走法，接下来可形成著名的七路马盘河式或五九炮式的走法，分述如下。

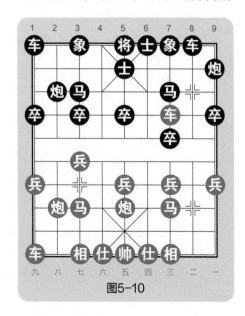

图5-10

着法1：马七进六

⑧马七进六

红方七路马盘河，占领制高点，是稳健有力的走法。

⑧……　　　　炮9平7

⑨车三平四　车8进5

黑方进车骑河捉马，挑起河口争端，紧凑的走法。另有象3进5、象7进5、马7进8等走法。

⑩炮八进二　象3进5　　⑪炮五平六

红方卸炮调形，着法稳健。如改走马六进五，则车8平3，炮八平九，车1平3，红方无便宜。

⑪……　　　卒3进1　　⑫兵三进一　车8退1

红方弃兵攻车，黑方退车机警。如误走车8平7吃兵，则相七进五，车7进1，炮八退一，黑方丢车。

⑬兵七进一　象5进3

黑方飞象吃兵稳健，如改走卒7进1，则兵七进一，马3退4，相七进五，卒7进1，马三退五，双方各有一兵（卒）过河，红方七路兵的威力更大。

⑭炮八平七　马3进4

黑方炮口献马，应着巧妙。如示弱走象3退5，则车九平八，车1平2，马六进七，红方大优。

⑮炮六进三

红方如车四进二，则炮2退1，炮六进三，炮2平6，炮六平二，卒7进1，黑方弃子取势，足可一战。

⑮……　　　卒7进1　　⑯炮六进三

红方反弃一子，献炮引离，可以消灭黑方过河卒，保持局面均衡，正着！

⑯……　　　炮7平4　　⑰炮七平三　车8平7
⑱相七进五　炮2进1　　⑲车四退二　炮2进2
⑳马六进五　马7进5　　㉑车四平八　象3退5（双方均势）

着法2：炮八平九

⑧炮八平九　车1平2　　⑨车九平八　炮9平7
⑩车三平四　马7进8

如图5-11，红方平边炮，左车直出牵制黑方右翼的车炮。黑方则外马跃出，威胁红方右翼。双方大子均已平衡出动，拉开阵势，形成著名的五九炮阵式，棋路宽广，红方以下有车四进二、车八进六、马三退五、炮五进四、炮九进四等多种走法，均有复杂变化。

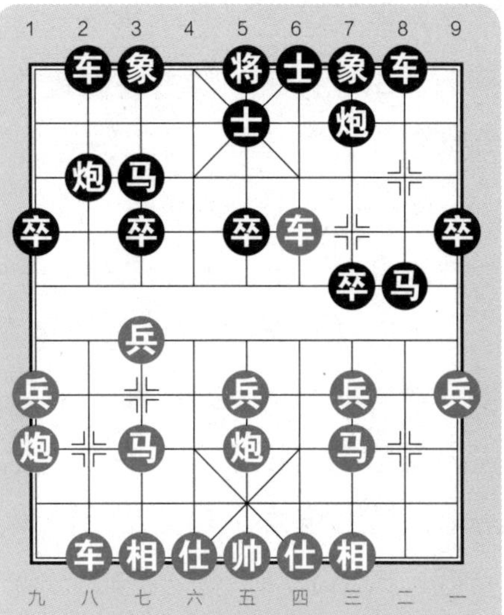

图5-11

例局5 红七路马式（2）

① 炮二平五　　马8进7
② 马二进三　　车9平8
③ 车一平二　　马2进3
④ 兵七进一　　卒7进1　　⑤ 车二进六　　炮8平9
⑥ 车二平三　　炮9退1　　⑦ 马八进七　　车1进1

黑方起右横车是积极求战的走法，准备车平6路借伏击红方过河车之机进攻红方右翼，但右翼马炮也将成为红方进攻的目标。双方往往形成对抢先手，激烈对攻的局面。

⑧ 炮八平九

红方平边炮准备攻敌之虚，符合棋理。如改走马七进六，则车1平4！马六进四，车8进2，炮八平七，炮9平7，车三平四，马7进6，车四退一，车4进5，黑方反先。另如走兵五进一，则炮9平7，车三平四，马7进8，黑方有反击之势。

⑧……　　　　车1平6

如图5-12，红方主要有车三退一和马七进六两种走法，分述如下。

着法1：车三退一
⑨ 车三退一

红方退车杀卒，脱离险地，稳健的走法。如改走车九平八，则炮9

平7，车八进七，炮7进2，车八平七，车6进7！黑方左翼攻势更为猛烈。

⑨……　　　　炮2平1

⑩车九进一　　车6进1

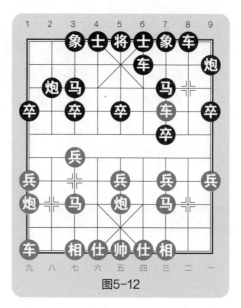

图5-12

黑方抬一步肋车是蓄势待发、攻守兼备的走法，亦可炮9平7直接发动攻势，以下车三平八，马7进8，马七进六，马8进6，车九平四，车6进1，车八进二，车8进2，双方对抢先手。

⑪车三平八　　炮9平7

双方形成对攻之势。

着法2：马七进六

⑨马七进六　　士6进5

红方马跃河口争先，黑方如炮9平7打车，则马六进五！马7进5，车九平八，炮2退1，炮五进四，马3进5，车三平五，炮2平5，相三进五，红方先手。

⑩车三退一　　车6进1（双方对抢先手）

第三节　中炮七兵过河车对屏风马高车保马

例局1　红七路炮式

① 炮二平五　　马8进7　　② 马二进三　　车9平8

③ 车一平二　　马2进3　　④ 兵七进一　　卒7进1

⑤ 车二进六　　炮8平9　　⑥ 车二平三　　车8进2

如图 5-13，是中炮七兵过河车对屏风马高车保马布局的基本阵形。黑方平炮兑车后高车保马，右炮灵活可伺机反击。红方主要有炮八平七和马八进七两种走法。

⑦炮八平七

红方平七路炮把攻击目标指向黑方棋形中较弱的右马，是具有针对性的走法。

⑦……　　象3进5

黑方飞象正着，如炮2退1急于反击，则兵七进一，炮2平7，车三平四，车8进6，兵七进一，车8平2，马三退五！（如炮七进五，则炮7平3！黑方接下来有炮9平3及炮3进2反击，红方不利）马3退5，车四进二，红方易走。

⑧兵七进一　象5进3

⑨马八进九　炮2退1

如图 5-14，红方主要有车九平八和车九进一两种走法，分述如下。

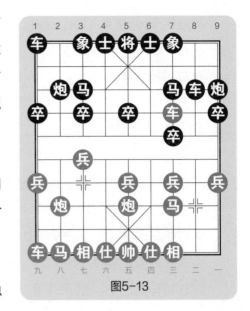

图5-13

着法1：车九平八

⑩车九平八　炮2平7

⑪车三平四　马7进8

⑫车四进二　炮7进5

⑬相三进一　士4进5

⑭车八进六　车1平4

⑮车八平七　卒7进1

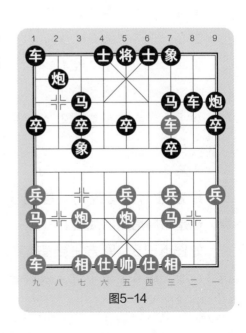

图5-14

黑方如车 4 进 4，则仕四进五，对峙中红方先手。

⑯ 相一进三　　车 4 进 5

双方对抢先手。

着法 2：车九进一

⑩ 车九进一

红方起横车掩护右翼，削弱黑方侧翼的反击。

⑩……　　　　炮 2 平 7　　⑪ 车三平四　　士 4 进 5

黑方如马 7 进 8，红方则车九平二牵制，黑方左翼攻势受阻。

⑫ 车四进二　　炮 7 平 8　　⑬ 车九平六

红方如马九进七，则车 1 平 4，马七进五，车 4 进 4，双方互缠。

⑬……　　　　车 1 平 4　　⑭ 车六进八　　马 3 退 4

红方先手。

例局 2　红盘河马式

① 炮二平五　　马 8 进 7　　　　② 马二进三　　车 9 平 8

③ 车一平二　　马 2 进 3

④ 兵七进一　　卒 7 进 1

⑤ 车二进六　　炮 8 平 9

⑥ 车二平三　　车 8 进 2

⑦ 马八进七　　象 3 进 5

⑧ 马七进六

红方进七路马盘河，控制要
点，也是布局常见的战法。

如图 5-15，黑方主要有炮 2
退 1、炮 2 进 4、车 1 进 1 三种走
法，分述如下。

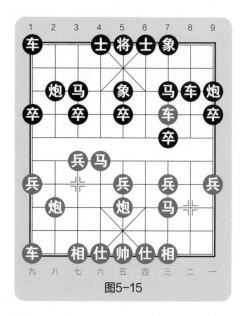

图5-15

着法 1：炮 2 退 1

⑧……　　　炮 2 退 1

黑方退右炮攻车是高车保马局常规的反击思路。

⑨车九进二　炮 2 平 7

红方高车保炮似笨实佳，黑方此时若炮 2 平 4，红方可炮八平六顺势兑炮。

⑩车三平四　马 7 进 8　　⑪马六进五　马 3 进 5

⑫炮五进四　炮 7 平 5　　⑬车四平一

红方先手。

着法 2：炮 2 进 4

⑧……　　　炮 2 进 4

黑方右炮过河也是重要的反击点。

⑨兵五进一

红方进中兵，战法积极主动。如走马六进四，则车 1 进 1，炮八平六，车 1 平 6，车九平八，炮 2 平 4，车八进三，车 6 进 3，车八平六，炮 9 退 1，局势缓和，黑可抗衡。

⑨……　　　炮 2 退 1　　⑩兵七进一　炮 2 平 5

黑方如走卒 3 进 1，则兵五进一，卒 5 进 1，炮八平七，炮 2 平 3，马三进五，红方有攻势。

⑪马三进五　炮 5 进 2　　⑫相七进五　卒 3 进 1

⑬炮八平七

黑方受攻，红方易走。

着法 3：车 1 进 1

⑧……　　　车 1 进 1　　⑨马六进七　炮 2 进 4

⑩兵五进一　车 1 平 4　　⑪兵五进一　车 4 进 5

⑫兵三进一

双方混战，红方仍占主动。

第四节　中炮七兵过河车对屏风马右横车

例局

① 炮二平五　马 8 进 7　　② 马二进三　车 9 平 8

③ 车一平二　马 2 进 3　　④ 兵七进一　卒 7 进 1

⑤ 车二进六　车 1 进 1

如图 5-16，是中炮七兵过河车对屏风马右横车的基本阵形。黑方左翼先按兵不动，快速出动右横车，红方部署左翼的子力，主要有马八进七和炮八平七两种走法，分述如下。

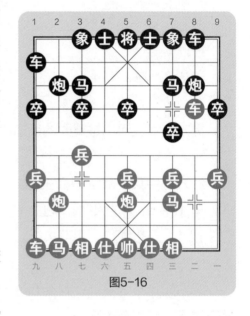

图5-16

着法 1：马八进七

⑥ 马八进七　车 1 平 4

黑方迅速横车占右肋对抗性较强。如走象 7 进 5 左象横车阵式，则红方车二平三，车 8 平 7，车九进一，车 1 平 4（如炮 8 进 2，则车九平六，卒 3 进 1，兵三进一！红方易走），车九平二，马 7 退 5，车三平四，炮 8 平 7，兵五进一，红方主动。

⑦ 炮八平九　炮 2 进 4

黑方进炮反击，是局面抗衡的要着。

⑧ 兵三进一

红方如兵五进一，则车 4 进 5，黑方车炮控制兵林线，红方不满意。

⑧ ……　　　　　卒 7 进 1　　⑨ 车九平八　炮 2 平 3

⑩ 车二平三　炮 8 进 4　　⑪ 车三退二

红方如车三进一贪子显然得不偿失，黑方可炮8平7，以下车三平七，炮7进3，仕四进五，炮7平9，黑方攻势猛烈。

⑪……　　　马7进6　　⑫兵五进一　象7进5

黑方可以抗衡。

着法2：炮八平七

⑥炮八平七

红方平炮七路，遥指对方3路线，针锋相对的走法。

⑥……　　　车1平4

黑方横车占右肋，经典走法。如走象3进5，则车二平三，马3退5，车九进一，车1平4，炮七平九，炮2平3，车九平八，卒3进1，车八进五，卒3进1，车八平七，车4进7，马八进七，红方主动。

⑦炮七进四

红方进炮打卒破坏黑方棋形，容易控制局势，也可以走车九进一保持局面复杂。

⑦……　　　象3进1　　⑧马八进七　车4进2

⑨车九平八

红方如走兵七进一，则象1进3，车九平八，车4平3，车八进七，象3退5，马七进六，车3进6，红方先手，但少一相也有顾忌。

⑨……　　　车4平3　　⑩车八进七　车3进2

⑪车八退五　炮8平9　　⑫车二平三　马7退5

⑬兵五进一

红方主动。

第五节 中炮七兵过河车对屏风马右象

例局1 黑弃马局

① 炮二平五　马8进7　　② 马二进三　车9平8

③ 车一平二　马2进3　　④ 兵七进一　卒7进1

⑤ 车二进六　象3进5　　⑥ 马八进七　士4进5

红方如直接车二平三压马，黑方也可士4进5或马3退5，大体上是殊途同归的。黑方布局走右象右士以7路马为诱饵，诱红方来攻击，策划弃子抢攻战术。

⑦ 车二平三

红方平车捉马，"明知山有虎，偏向虎山行"，准备接受黑方弃子争先的挑战，是正面对抗型下法。另如炮八平九，则炮2进4，车九平八，炮2平7，相三进一，炮8平9，车二进三，马7退8，局面趋于和缓。

⑦……　　　炮2进4

如图5-17，黑方右炮过河是弃马局的重要后续手段，红方不能立即车三进一吃马，否则炮2平7轰兵打死红车，黑方胜势。此时红方主要有兵五进一和兵三进一两种走法，分述如下。

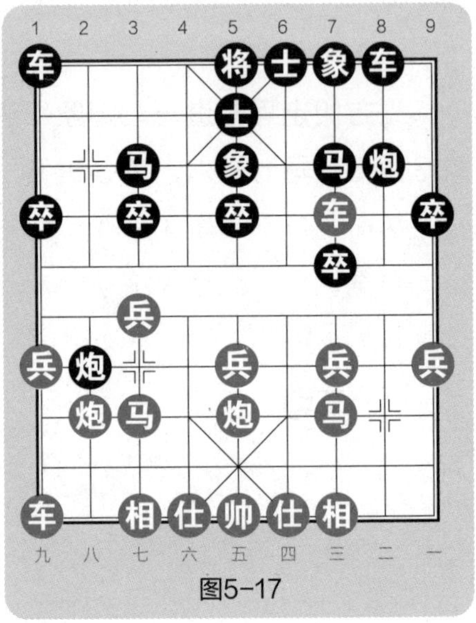

着法1：兵五进一

⑧ 兵五进一　车1平4

⑨ 车三进一　车4进6

红方中兵浮起，兵线洞开，黑方迅速开出右车挺进兵林线，车炮配合有车4平3及炮2平7等手段，形成反击之势。

图5-17

⑩车三退一

红方如兵三进一，则黑方可车4平3或车4平7，亦可一战。

⑩……　　　炮8进3

黑方进炮骑河可发挥更大的威力，为反击做好准备，是具有全局观的一步战略好棋！如急于走车4平3，则车三平二！车3进1，炮八平九，红方及时吐回一子，牵制住对方无根车炮，局面优势。

⑪马三退五

除此之外，红方另有两种应法。

（1）炮五进一，则车4平3，炮五平八，车3进1，车九平八，车3平7，相七进五，车7退1，后炮平九，炮8进4，黑方夺回一子，足可一战。

（2）车三平四，则车4平3，马七退五，卒7进1，兵三进一，炮8平5，黑方控制局势，有攻势。

⑪……　　　车4平3　　⑫炮八退一　炮2平7

⑬车三平四　炮7退1　　⑭炮五进一　炮8平5

⑮车四退四

红方退车机警，如走相七进五，则车8进7！相五进三，车8平3，相三退五，前车平2，马五进三，车2进1，黑方夺回一子，优势。

⑮……　　　车3平2　　⑯炮八平七

双方互有顾忌。

着法2：兵三进一

⑧兵三进一

红方舍兵得马，不让黑方右车迅速控制兵林线反击。

⑧……　　　卒7进1　　⑨车三进一　卒7进1

⑩马三退五　炮8进7　　⑪兵五进一　炮2平9

黑方如车8进6护卒，则兵九进一！车1平4，炮五平一！车4进4，车九进三，车4平6，炮一平四，车8进2，马五进六，红方跳出窝心马，多子占优。

⑫炮五平一

红方平炮拦截，不让黑方下底炮，正着！如车三退四吃卒，则炮9进3，车三平一（如车三平四，则车8进8！黑方下一步车8平6堵塞，形成绝杀），炮8平6，相七进九，炮9平8，黑方有攻势。

| ⑫…… | 车8进6 | ⑬车九平八 | 车1平4 |
| ⑭炮八平九 | 车4进4 | ⑮车八进三 | |

双方各有顾忌。

例局2　黑窝心马局

①炮二平五	马8进7	②马二进三	车9平8
③车一平二	马2进3	④兵七进一	卒7进1
⑤马八进七	象3进5	⑥车二进六	炮2进1

黑方进炮窥视对方过河车，伏有进3卒捉车的手段。

⑦车二平三

红方平车压马，不甘示弱，燃起战火。

⑦……　　　　马3退5

⑧马七进六　卒3进1

⑨马六进七　卒3进1

如图5-18，红方弃兵跃马争先，黑方有卒过河，但也有窝心马之弊。红方主要有炮八平九和炮八平七两种走法，分述如下。

着法1：炮八平九

⑩炮八平九

红方平边炮通左车，是很自然

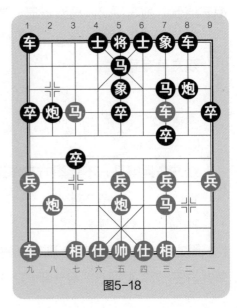

图5-18

的走法。

⑩……　　　　　车1平3　　　⑪炮五平七

正着，红方如误走炮九进四，则炮2进3双重攻击，红方两难兼顾。

⑪……　　　　　卒3进1　　　⑫车九平八　卒3进1

红方如马七进五，则炮2平7，炮七进七，马5退3，马五退三，双方各有所得，互有顾忌。

⑬车八进六

双方各有顾忌。

着法2：炮八平七

⑩炮八平七

红方平炮七路防止对方车1平3捉马，为左车开出助战腾出路线，不过炮留在了对方过河卒的攻击范围之内，也是有利有弊。

⑩……　　　　　炮2进3

黑方如卒3进1，则车九平八，卒3进1，车八进六，红方主动。

⑪兵三进一　卒3进1　　　⑫车九平八

红方如炮七退一，则卒7进1，车三退二，炮8退1，车三平七，炮8平7（如卒3平4逃卒，则车九平八，车1平2，车七平四！炮2平5，马三进五，车2进9，马五进六，红方弃车抢攻），车七退一，炮2退4，双方对抢先手。

⑫……　　　　　卒7进1　　　⑬兵五进一

双方形成混战之势。

第六节　中炮直横车对屏风马两头蛇

例局1　黑抬炮逐车式

①炮二平五　马8进7　　　②马二进三　车9平8

③车一平二　卒7进1　　④车二进六　马2进3

⑤马八进七　卒3进1　　⑥车九进一

至此，双方弈成中炮直横车对屏风马两头蛇布局的基本阵形。红方双车迅速出动，占据要道。黑方则运用"两头蛇"制约红马，以稳固的阵形与红方对抗。黑方以下比较常见的有抬炮逐车（炮2进1）和右象（象3进5）两种选择。

⑥……　　　　炮2进1　　⑦车二退二　象3进5

⑧兵三进一

黑方抬炮逐车，红方顺势退车巡河可以兑兵活马。此时如兵七进一先兑七兵，则炮8进2，车九平六，士4进5，形成另一种阵式，双方互缠。

如图5-19，黑方主要有炮2进1和卒7进1两种走法，分述如下。

着法1：炮2进1

⑧……　　　　炮2进1

⑨兵七进一　　炮8进2

双方"四兵相见"，黑方双炮在巡河线上构筑一道防线，形成较为封闭的局面。黑方如改走卒3进1，则兵三进一，卒3进1，马七退五，象5进7，车九平七，红方主动。

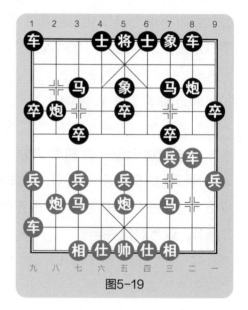

图5-19

⑩车九平六　　士4进5

⑪炮八退一　　卒7进1　　⑫车二平三　卒3进1

⑬车三平七

稳健的选择，红方如改走车三进三，则炮2平3或炮8平3，黑方弃子亦有补偿，双方互有顾忌。

⑬……　　　　炮8平3　　⑭车六进七（红方先手）

着法2：卒7进1

⑧……　　　　　卒7进1　　　⑨车二平三　马7进6

黑方接受兑卒，再跃河口马，走法明快。

⑩兵七进一

红方再兑七兵，全线开放。另如车九平四捉马，则炮2进1，车四平二，红方平车牵制黑方左翼车炮，亦有纠缠。

⑩……　　　　　卒3进1　　　⑪车三平七　炮8平7

黑方平炮打相是争先着法，如随手炮8平6，红方可以炮五平四兑炮顺势利用。以下黑方如炮6进5，则炮八平四，马3进4，炮四进七！将5平6，车九平四，红方先弃后取，得士占优。

⑫车九平四　车8进4

黑方进车正着！如炮7进7贪吃相，红方仕四进五后，黑方没有攻势，红方双车分捉黑方双马，黑方丢子。

⑬马三进四　车8平7　　　⑭马四退二　车7平8

⑮炮八进一　士4进5

黑方补士谋划弃子抢先。另如走炮7平6，则车四平三，车8进1（如误走车8退3，红方有马二进三献马妙手！突破防线。以下象5进7，车三进四！马6退5，车三进二！士6进5，车三进二，士5退6，车三退二，士4进5，兵五进一，红方弃子攻势强大），车七平二，马6进8，马七进六，红方先手。

⑯炮五平二　马6进7　　　⑰炮二进三　马7进6

⑱帅五进一

红帅"御驾亲征"，捉死黑马。

⑱……　　　　　车1平4　　　⑲帅五平四

形成红方多子但帅位不安，黑方有先手，双方各有顾忌的局面。

例局 2　黑右象式

①炮二平五　马8进7　　②马二进三　车9平8

③车一平二　卒7进1　　④车二进六　马2进3

⑤马八进七　卒3进1　　⑥车九进一　象3进5

⑦车九平六

如图5-20，黑方补象与补士的格局相近，阵型似更为灵活，是现下较为流行的下法。此时黑方主要有马7进6和士4进5两种走法，分述如下。

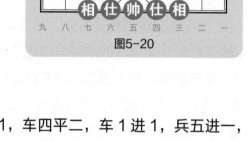

图5-20

着法1：马7进6

⑦……　　　　　马7进6

黑方跃马河口，威胁红方过河车，是策略比较积极的走法。

⑧兵五进一　卒7进1

⑨车二平四　卒7进1

⑩兵五进一

红方如车四退一，则卒7进1，车四平二，车1进1，兵五进一，炮2进2，马七进五，车1平8，黑方可战。

⑩……　　　　　卒7进1　　⑪兵五进一　士4进5

⑫车四退一　炮8平7　　⑬相三进一　车8进6

双方局面复杂，对抢先手。

着法2：士4进5

⑦……　　　　　士4进5

黑方补士稳固局面，策略上更趋于稳健。

⑧兵五进一

红方如车二平三，则车1平4，车六进八，马3退4，兵五进一，炮8进4，黑方也是对抗之势。

⑧……　　　车1平4

此时黑方另一个重要的变化是炮2进4，以下红方有兵三进一、炮五进一、兵七进一和兵五进一等攻法，黑方也均有应对之策。

⑨车六进八　将5平4　　⑩兵五进一　炮2进1

红方进中兵稳健，如车二平三捉马，则炮8进4！车三进一，炮8平3，相七进九，车8进6，黑方用"弃马陷车"战术力求一战，优劣难辨。

⑪车二退二　炮8进2　　⑫兵五进一　马7进5

⑬马七进五　车8进3（双方对峙）

第七节　中炮过河车进中兵对屏风马两头蛇

例局1　红进中兵式

①炮二平五　马8进7　　②马二进三　卒7进1

③车一平二　车9平8　　④车二进六　马2进3

⑤兵五进一　卒3进1

至此，双方弈成中炮过河车进中兵对屏风马两头蛇的基本阵形。红方进中兵，态度明确，冲击黑方中路，属急攻型变化，俗称"牛头滚"。黑方以两头蛇应对是弹性十足的走法。红方以下主要有兵五进一和马八进七两种走法。

⑥兵五进一　士4进5　　⑦兵五进一　马3进5

⑧马三进五

红方中兵连续突进，打开中路，双方子力短兵相接。如图5-21，黑方以下有马5进6和马5进4两种走法，分述如下。

着法1：马5进6

⑧……　　　　马5进6

⑨马八进七　　炮8平9

黑方此时炮8平9及时兑车和炮2平5是较好的对抗走法。另如走象3进5，则车九进一，车1平4，车九平四，黑马遭到追击，红方主动。

⑩车二平四　车8进5

黑车骑河支援黑马，同时加强对局面控制，正着！

⑪炮八进三

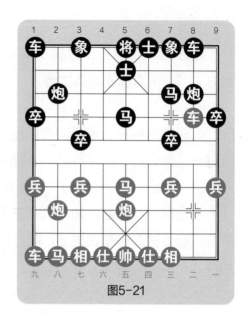

图5-21

红方进骑河炮窥卒是对抗要着。此时如改走车九进一，则炮2平5，车九平四，车1平2，后车进三，车8平6，车四退二，车2进7，黑方满意。另如走仕六进五，则象3进5，黑方足可一战。

⑪……　　　　马6进5　　⑫相七进五　车8平5

⑬炮八平三　　马7进8

双方互缠。

着法2：马5进4

⑧……　　　　马5进4　　⑨马八进七　象3进5

黑方飞象巩固中路，如改走炮2平5，则仕六进五，车1平2，车九平八，炮8平9，黑方亦可一战。

⑩兵七进一

红方邀兑黑过河马，消除隐患。如走炮八平九，则炮8平9，车二平三，双方对抢先手，黑势不弱。

⑩……　　　　马4进3　　⑪马五退七　炮8平9

黑方如走卒3进1，则马七进五，卒3进1，马五进六，红马借势腾挪占位。

⑫ 车二平三

红方如车二进三，则马7退8，兵七进一，车1平3，双方平稳。

⑫……　　　炮9进4

双方对抢先手。

例局2　红正马式

① 炮二平五　马8进7　　② 马二进三　卒7进1

③ 车一平二　车9平8　　④ 车二进六　马2进3

⑤ 兵五进一　卒3进1　　⑥ 马八进七

红方跳正马，双方变化选择更为丰富。

⑥……　　　炮2进1

黑方抬炮驱逐红方卒林车，减轻局面压力。如走象3进5（同样补中路，应士4进5），则车二平三，马3进4？兵五进一，卒5进1，炮八进三！马4进3，炮八平五，士4进5，车九平八，炮2平3，马三进五，红方子力占位颇佳，优势明显。

⑦ 车二退二　象3进5

黑方起右象固防，阵形灵活机动。如图5-22，红方以下主要有兵五进一、马三进五、马七进五三种走法，分述如下。

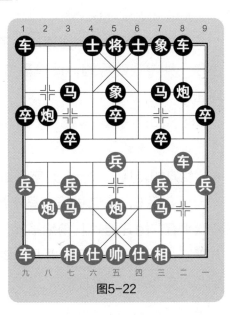

图5-22

着法1：兵五进一

⑧ 兵五进一　卒5进1

黑方亦可走士4进5或炮8平9。

⑨ 兵七进一

红方如车二进二，则马7进5！

炮五进四，象5退3！炮五进一，炮2平5，相七进五，象3进5，炮八退一，车1平2，炮八平二，车2进7，车九平七，卒5进1，炮二进六，车8进1，黑方弃子取势，足可一战。

⑨ ……	炮2平5	⑩ 兵七进一	象5进3
⑪ 兵三进一	炮8平9	⑫ 车二进五	马7退8
⑬ 马三进四	炮5退2	⑭ 兵三进一	卒5进1

双方各有顾忌。

着法2：马三进五

⑧马三进五　士4进5

黑方补士巩固中路，亦可炮8进2严阵以待。另如走炮8平9，则车二进五，马7退8，兵七进一，士4进5，兵七进一，象5进3，炮八平九，车1平2，车九平八，象7进5，兵三进一，红方先手。

| ⑨ 兵七进一 | 炮8进2 | ⑩ 兵三进一 | 炮2进1 |

双方对峙。

着法3：马七进五

⑧马七进五　马3进4

黑方右马跳出，意图通过兑子来削弱对方中炮盘头马的进攻力量，也是一种常规的思路。此时黑方也可士4进5或炮8进2形成对峙局面。

| ⑨ 兵五进一 | 马4进5 | ⑩ 马三进五 | 卒5进1 |

⑪车二进二

红方如走兵三进一，则卒5进1（黑方亦可考虑炮8退1，兵三进一，炮8平5，车二进五，马7退8的走法），炮五进二，炮2平5，炮八平五，炮8退1！前炮平九，车1平2，炮五进四，马7进5，炮九平五，车2进5，马五进七，卒7进1，车二进二，卒3进1，炮五平八，卒3平2，双方和势。

⑪······ 卒5进1 ⑫炮五进二 炮2平5

⑬炮八平五 炮8退1

黑方退炮接应中路是取得抗衡局面的要着。

⑭前炮平二

红方平炮强行兑子，如前炮进三，则象7进5，炮五进四，炮8平5！车二进三，炮5进2叫将再马7退8吃车，黑方得子。

⑭······ 炮8进4 ⑮车二进三 马7退8

⑯炮五进四 士4进5 ⑰车九平八 马8进7

⑱炮五退一 车1平4

双方均势。

第八节 五七炮进七兵对屏风马

例局1 黑右炮过河式

①炮二平五 马8进7 ②马二进三 车9平8

③车一平二 马2进3 ④兵七进一 卒7进1

⑤炮八平七

至此，双方形成五七炮进七兵对屏风马挺7卒布局的基本阵形。红方平七路炮，意图通过威慑对方3路马，牵制黑方左翼子力。以下黑方主要有右炮过河（炮2进4）和左炮巡河（炮8进2）两种变化。

⑤······ 炮2进4

黑方右炮过河威胁打兵，简明实惠。如炮2进6，则车二进四，车1平2，兵七进一，卒3进1，兵三进一，炮8平9，兵三进一，车8进5，马三进二，车2平5，双方对抢先手。

⑥车二进四 炮2平7 ⑦相三进一

如图 5-23，黑方主要有车 1 平 2 和士 4 进 5 两种走法，分述如下。

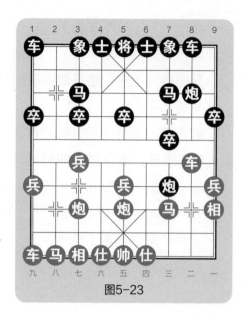

图5-23

着法 1：车 1 平 2

⑦……　　　　车 1 平 2

⑧马八进九　车 2 进 4

黑方高车巡河，着法稳妥。以往有一种强硬的走法是炮 8 平 9，则车二进五，马 7 退 8，兵七进一，车 2 进 5，兵七平六，车 2 平 3，炮七退一，红方有兵过河，占优。

⑨车九平八　车 2 进 5　　　⑩马九退八　象 3 进 5

⑪兵九进一

红方如炮七进四，则炮 8 平 9，车二进五，马 7 退 8，双方均势。

⑪……　　　　炮 8 平 9　　　⑫车二平四　卒 7 进 1

黑方弃卒为以后骑河兑车埋下伏笔，是简化局面的一种有效方法。

⑬车四平三　马 7 进 6　　　⑭马八进九　车 8 进 5

⑮马九进八　车 8 平 7　　　⑯相一进三（红方略优）

着法 2：士 4 进 5

⑦……　　　　士 4 进 5

黑方补士，保持局面的多变性。以后再飞象，1 路车从肋道开出。

⑧马八进九　象 3 进 5　　　⑨兵七进一　象 5 进 3

⑩炮七进一

弃兵引起黑方高象给对方阵型制造弱点，再兑炮争先，扑出双马，是红方典型的进攻手段。也可以选择车九进一以后车九平四攻击黑方过河炮的走法。

⑩……　　　　　炮7平3　　　⑪马九进七　炮8平9

黑方兑车及时摆脱牵制，正着。如改走车1平4，则马七进五，红方先手。

⑫车二进五　马7退8　　　⑬车九进一　炮9平6

红方子力活跃，具有一定攻击力。黑方平炮士角，构成比较稳固的阵形，正着。如走马8进7，则车九平二，象3退5，车二进六，马7进6，马七进六，红方有攻势。

⑭车九平二　马8进7　　　⑮马三进二　卒7进1

⑯炮五平三　象3退5　　　⑰马二进三　车1平4

⑱马三进五　象7进5　　　⑲炮三进五　车4进6

⑳马七进八　马3退2

双方各有顾忌。

例局2　黑左炮巡河式

①炮二平五　马8进7　　　②马二进三　车9平8

③车一平二　马2进3

④兵七进一　卒7进1

⑤炮八平七　炮8进2

黑方左炮巡河扼守沿河一线，防止红方右车过河，削弱红方七路炮的威力，是巩固阵形、稳步推进的走法。

⑥车二进四　车1平2

⑦马八进九

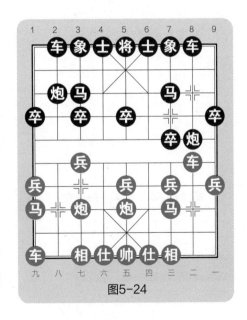

图5-24

如图5-24，黑方主要有象3进5和炮2进3两种走法，分述如下。

着法1：象3进5

| ⑦…… | 象3进5 | ⑧车九平八 | 炮2进4 |

| ⑨兵三进一 | 炮2退1 | ⑩马三进四 | |

红方主动送马，弃子争先，是兑三兵的后续手段。

| ⑩…… | 炮2平6 |

黑方如卒7进1，则车二平三，炮8平7，兵九进一，炮2平6，车八进九，马3退2，车三平四，车8进6，炮五退一，红方先手。

| ⑪兵三进一 | 车2进9 | ⑫马九退八 | 炮6进1 |

| ⑬兵三进一 | |

红方继续进兵寻求变化，如改走兵三平二，则车8进4，双方平稳。

| ⑬…… | 炮8平5 | ⑭车二平四 | 车8进6 |

黑方足可一战。

着法2：炮2进3

| ⑦…… | 炮2进3 |

黑方进炮打车，着法奇特。

| ⑧兵五进一 | 象3进5 | ⑨兵九进一 | |

紧凑！红方如车九进一，则士4进5，车九平六，卒5进1！黑方有反击。

| ⑨…… | 炮8平9 | ⑩车二进五 | 马7退8 |

| ⑪马九进八 | 车2进5 | ⑫车九进三 | 马8进7 |

| ⑬炮五退一（红方先手） | |

第九节　五七炮边马双直车对屏风马进7卒

例局1　黑右炮巡河式

| ①炮二平五 | 马8进7 | ②马二进三 | 车9平8 |

③车一平二　马2进3　　④马八进九　卒7进1

⑤炮八平七　车1平2　　⑥车九平八

至此，双方形成五七炮边马双直车对屏风马进7卒布局的基本阵形。双方子力两翼分布均衡，黑方以下主要有右炮巡河（炮2进2）、左炮封车（炮8进4）、右炮封车（炮2进4）三种走法。

⑥……　　　炮2进2　　⑦车二进六　马7进6

黑方右炮巡河与左马相配合，对红车构成威胁，是稳守反击的走法。

⑧车八进四　象3进5

如图5-25，红方以下主要有兵九进一和车二平四两种常见走法，分述如下。

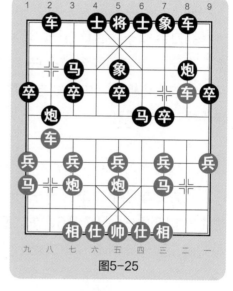

图5-25

着法1：兵九进一

⑨兵九进一

红方挺边兵活马并为八路车生根，稳步推进。

⑨……　　　卒3进1

⑩车二退三

红方退车兵林线，可保持对黑方车炮的牵制。如走车二退二，则士4进5，兵七进一，卒7进1，车二平三，炮8进3，黑方可以抗衡。

⑩……　　　士4进5　　⑪炮七退一　炮8进2

黑方封锁巡河线，形成对峙局面。此时如马6进7率先打破均衡局面，以下红方如车二平三，则炮8平7，车三平四，炮7进5，兵七进一，卒3进1（如炮7平1，则兵七进一！炮1平3，炮七平三，黑方受攻），车八平七，炮7平1，相七进九，马3进4，黑方取得对抗之势。又如改走炮五平七，则车2平4，仕四进五，双方形成互缠局面。

⑫兵三进一　卒7进1　　⑬车八平三　车8进3（双方对峙）

着法2：车二平四

⑨车二平四

红方平车捉马，变化更丰富。

⑨……　　　马6进7

黑方如卒3进1，则兵三进一，炮8平7（如卒7进1，则车八平三，下一步有兵七进一的冲击，红方易走），兵三进一，卒3进1！车八平七，炮2平7，车四退一，前炮进5，此时无论红方仕四进五或帅五进一，均形成黑方弃子搏杀的局面，双方各有顾忌。

⑩车四平二　　马7退6　　　⑪兵九进一　　士4进5

红方弃掉一兵活跃右马，可减少黑方反击的手段。黑方补士加固阵型，稳正之着。如改走卒3进1，则兵七进一，卒7进1，车二平三，与老式的变化相比，由于红方三路兵已失，黑方就不存在炮8进3的反击手段，黑方不利。

⑫炮七进四　　卒7进1　　　⑬车二平四　　马6进7

⑭炮五平七　　卒7平6　　　⑮相七进五

红方如车四平二牵制黑方无根车炮，则卒6进1，车八平四，卒5进1！车四退一，马7退6，车二退五，炮8平6！车二进八，炮6进4，马三进二，马6进8，车二退五，双方各有顾忌。

⑮……　　　炮8平7　　　⑯车四平三　　车8进2

⑰车八平四（红方先手）

例局2　黑左炮封车式（1）

①炮二平五　　马8进7　　　②马二进三　　车9平8

③车一平二　　马2进3　　　④马八进九　　卒7进1

⑤炮八平七　　车1平2　　　⑥车九平八　　炮8进4

⑦车八进六

黑方左炮封车，红方左车压制，各取一方。红方如改走车八进四，

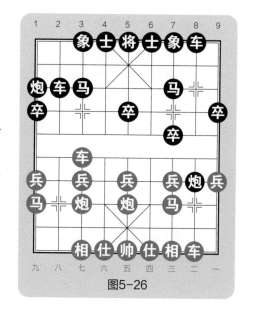

图5-26

则炮2平1，黑方可从容应对。

⑦……　　　　炮2平1

⑧车八平七　车2进2

⑨车七退二

红车退回巡河线，准备兑三兵打破黑方的封锁，走法侧重于全局的均衡。如图5-26，黑方主要有象3进5和马3进2两种常见走法，分述如下。

着法1：象3进5

⑨……　　　　象3进5

黑方补象避开红方七路炮的牵制，稳健的走法。

⑩兵三进一　马3进2

黑方进外马有踩边兵捉双的手段，争先着法。如走卒7进1，则车七平三，马7进6，车三平四，车8进4，炮七退一！士4进5，车四退一！炮8进2，车四退二，炮8退3，车四平二！红方双车马夺炮，多子大优。

⑪车七平八

红方平车顶马，避免黑方兑子简化，保持局面的复杂。如兵三进一冲兵过河，则马2进1，车七平二，车8进5，马三进二，马1进3，车二进三，象5进7，双方各有顾忌。

⑪……　　　　卒7进1　　　⑫车八平三　马2进1

⑬炮七退一

红方如改走车三进三交换，则马1进3，车三退三，车2平4，仕四进五，车4进1，炮五平六，车8进3，相三进五，卒5进1，车三平八，炮1平3，黑方各子占据要位，右翼潜伏攻势，前景较为乐观。

⑬……　　　　车2进5

双方各有顾忌。

着法2：马3进2

⑨……　　　　马3进2

黑方进外马，加快反击速度。

⑩车七平八

红方不能兵三进一兑兵，否则黑方可马2进1捉双得子。

⑩……　　　　马2退4

黑方退马弃象，正着，否则红方有炮七平八拴链的手段。

⑪炮七进七

红方飞炮打象，形成激战。如走兵九进一则较为稳健，黑方续走象7进5，双方互缠。

⑪……　　　士4进5　　　⑫车八平六　　马4进2

⑬车六平七　　炮1进4

双方对抢先手。

例局3　黑左炮封车式（2）

①炮二平五　　马8进7　　　②马二进三　　车9平8

③车一平二　　马2进3

④马八进九　　卒7进1

⑤炮八平七　　车1平2

⑥车九平八　　炮8进4

⑦车八进六　　炮2平1

⑧车八平七　　车2进2

⑨兵五进一　　士4进5

⑩兵五进一

红方左车保持对黑方右翼的压制态势，进中兵从中路突破，走法侧重积极进攻。如图5-27，黑方

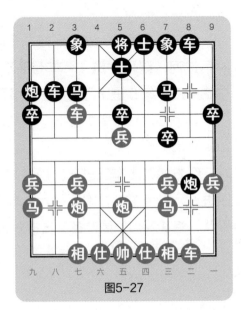

图5-27

有象3进5及卒5进1两种走法，分述如下。

着法1：象3进5

⑩……　　　象3进5　　⑪兵五平六

黑方中路稳固，红方虚晃一枪改变策略，平兵转为对侧翼的控制。如改走炮五进四，则马3进5，兵五进一，炮8退3！车七退二，马7进5，红方攻势全消。

⑪……　　　马7进6　　⑫炮七退一

局面复杂，双方互缠。

着法2：卒5进1

⑩……　　　卒5进1　　⑪兵三进一　卒7进1

⑫马三进五　象3进5

红方弃兵盘马，着法积极。黑方飞象应对稳健，如炮8平3，则炮五进三，象3进5，炮七平二！车8进4，马五进三，炮3平7，马九进七，红方易走。

⑬车二进二　马3进5　　⑭马五进三　马5进7

⑮马三进五　炮8平5　　⑯仕四进五　车8进7

⑰炮七平二

黑方可以抗衡。

例局4　黑右炮封车式

①炮二平五　马8进7　　②马二进三　车9平8

③车一平二　马2进3　　④马八进九　卒7进1

⑤炮八平七　车1平2　　⑥车九平八　炮2进4

⑦车二进四

如图5-28，黑方右炮封车攻守均衡，红方升巡河车意在与九路马形成配合，借以打破对方的封锁。黑方主要有象3进5、炮8平9、马7进6三种常见的走法，分述如下。

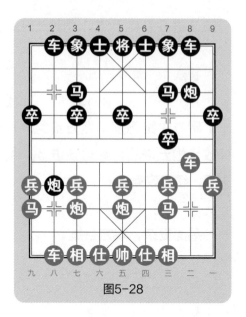

图5-28

着法1：象3进5

⑦……　　　象3进5

⑧兵三进一

红方另一种主要走法是兵九进一，则炮2退2，车八进四（如车二进二，则马7进6，车八进四，还原成黑方巡河炮式），马7进8，车二平七，卒3进1，车七平四，马8进7，兵七进一，炮8进3，车八退一，炮8平3，仕六进五，炮3进4，车四退一，马7退8，车八退三，卒7进1，车八平七，局面复杂。

⑧……　　　卒7进1　　　⑨车二平三　　马7进6

⑩车三平四　　车2进4　　　⑪马三进二　　炮2平5

⑫仕六进五　　车2进5　　　⑬马九退八　　马6退7

⑭炮七进四（红方先手）

着法2：炮8平9

⑦……　　　炮8平9

黑方平炮兑车，摆脱红方右车的牵制，自然的应对方式。

⑧车二平四　　车8进1

黑方起横车准备左车右移，加强右翼的封锁力量。如改走车8进6展开对攻，则兵九进一，炮2退2，兵七进一，车8平7，马九进七，卒7进1，车四进四，红方先手。

⑨兵九进一　　车8平2　　　⑩兵三进一

红方兑兵活马兼攻击黑方左翼。如改走车八进一，则炮2平5，车八平五！炮5退2，马三进五，前车进3，车五平二，炮5进3，相三进五，卒5进1，车二进六，马7进5，炮七进四，卒9进1，双方互缠。

⑩……　　　卒7进1　　⑪车四平三　马7进8

黑马外跳是现代棋手改进的着法。如马7进6，则车八进一，象3进5（如炮2平5，则马三进五，前车进7，马五进四，红方一车换双，攻势强大），车八平四，马6进5，车三平四，士4进5，炮七平八，马5进7，前车进四，炮2退2，炮八进六，炮2平5，仕四进五，车2进1，后车平三，马7退9，车三进八，炮9平6，车三退六，马9退8，车三平四，红方主动。

⑫车三进五

红车杀底象，积极进取！如兵五进一，则象3进5，兵五进一，卒5进1，车三进五，炮9平7，双方形成混战之势。

⑫……　　　炮9平7

以下红方车三平二或相三进一，双方对抢先手。

着法3：马7进6

⑦……　　　马7进6

黑方马跃河口，准备通过弃7卒来摆脱车炮的牵制，同时支援右炮威胁对方中路。

⑧兵九进一　象7进5　　⑨马九进八

正着！红方如改走车二平八，则车2进5，马九进八，炮2平5，马三进五，马6进5，炮七进四，士6进5，黑马控制中路，黑车将从肋道杀出，左翼潜藏反击，前景较为乐观。

⑨……　　　卒7进1　　⑩车二平三　马6进5

黑方如改走炮2平5，则仕六进五，炮5退2，车三平四，红方先手。

⑪车三平二　马5退6　　⑫车二平四　炮2平7

⑬车四进一　炮7进3　　⑭帅五进一　车8平7

红方多子，黑方占势。双方各有顾忌。

第十节　中炮直车七路马对屏风马双炮过河

例局1　红中兵过河式

①炮二平五　马8进7　　②马二进三　马2进3

③车一平二　车9平8　　④兵七进一　卒7进1

⑤马八进七　炮2进4　　⑥兵五进一　炮8进4

至此，双方形成中炮直车七路马对屏风马双炮过河布局的基本阵形。黑方双炮在红方兵林线形成封锁，弹性十足。双方将围绕着封锁与反封锁展开激烈争夺。红方以下主要有中兵过河（兵五进一）和横车（车九进一）两种走法。

⑦兵五进一

红方抢渡中兵的走法，势必要影响大子的出动，要注意子力间的相互保护。

⑦……　　　　士4进5

⑧兵五平六　象3进5

如图5-29，红方如准备进盘头马掩护过河兵需要中路补棋，有仕四进五和仕六进五两种走法，分述如下。

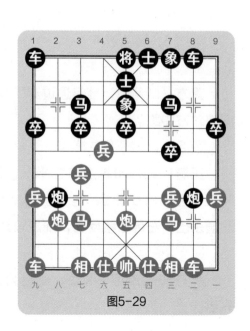

图5-29

着法1：仕四进五

⑨仕四进五　炮2平3

⑩马七进五　　车1平2　　⑪车九平八

红方出直车，车炮自缚，着法看似不符合棋理，其实意味深长。其目的是以中马为诱饵，策划弃子搏杀。如改走炮八平七，则车2进6（如炮3平7，则兵七进一，双方亦是混战），兵三进一！炮3平1，兵三进一，炮1平5，兵三进一，形成红方弃子搏杀，双方各有顾忌的局面。

⑪……　　　　车2进6　　⑫兵三进一　炮3平1

黑方接受红方弃子挑战，也可以选择卒7进1、车8进4等稳健策略。

⑬兵三进一　炮1平5　　⑭马三进五　车2平5

⑮兵三进一　炮8平7　　⑯车二进九　马7退8

⑰炮八进六

双方各有顾忌。

着法2：仕六进五

⑨仕六进五

红方补六路仕加强对局面的控制，不给黑方抢出右车的机会。

⑨……　　　　马7进6

黑方左马扑出，加强封锁线的控制。如改走车1平4强行出车，则马三进五，卒3进1！兵七进一，象5进3，兵六平七，车4进6，马五进六！马3进4，马七进八！以下黑方车4平3或车4平7，双方混战。

⑩相七进九

红方如炮八平九，则车1平2，车九平八，车8进5！兵三进一，炮8平7，兵三进一，象5进7，相三进一，车8平3，马七进五，马6进5，马三进五，车3进1，马五进四，车2进4，马四退三，车3平7，兵六进一，象7退5，黑方足可一战。

⑩……　　　　车1平4　　⑪马七进五　马6进7

⑫炮八平七（双方互缠）

例局 2　红横车式

①炮二平五　马8进7　　②马二进三　车9平8

③车一平二　马2进3　　④兵七进一　卒7进1

⑤马八进七　炮2进4　　⑥兵五进一　炮8进4

⑦车九进一

红方抢出横车准备平车控肋，争夺先手。

⑦……　　　　炮2平3

黑方平炮打相，加快右车的出动，着法紧凑。

⑧相七进九　车1平2　　⑨车九平六

红方横车占左肋是经典走法，如改走车九平四，则炮3平5，马三进五（因红车自塞相眼，不能补仕），炮8平5，炮五平二，炮5平4，车二进一，炮4退4，黑方足可抗衡。

如图5-30，红方有进车捉双马及弃三兵车捉双炮的双重攻击手段。黑方主要有车2进6、炮3平6、炮3平5三种走法，分述如下。

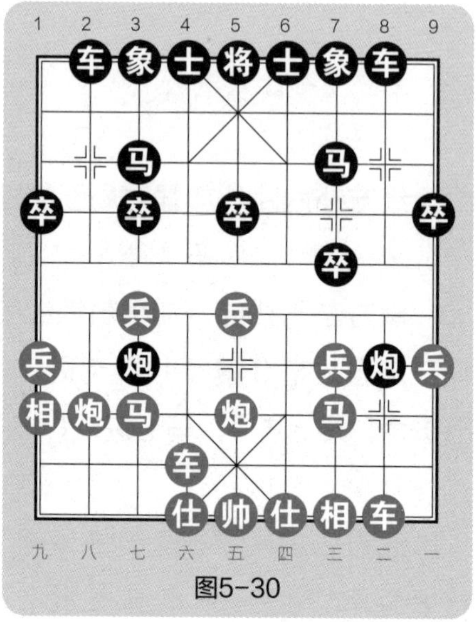

图5-30

着法1：车2进6

⑨……　　　　车2进6

黑方右车过河，加强对兵林线的控制，准备弃子夺势，走法强硬。

⑩车六进六

红方如兵三进一，则卒7进1，车六进二，炮8进2，炮八退二，象3进5，仕六进五，卒7进1（黑方送7卒巧妙！化解红方炮八平七捉死炮的手段），车六平三，炮8平7，车三平二，车8进6，车二进三，炮3平7，炮八平七，士4进5，黑方满意。

⑩……   象7进5   ⑪车六平七   士6进5

⑫仕四进五   炮8退1

形成这个布局体系中经典的弃马陷车变例。黑方退炮打兵，威胁打死红车，是经典的攻击手段。也可考虑走马7进6，则车七进一，卒3进1，车七平六，卒3进1，黑方也可一战。

⑬兵三进一   炮8平5

黑方亦可走卒7进1，则马三进二，车8进5，车二进四，卒7平8，车七进一，炮3平8，黑方也是可战之势。

⑭车二进九   马7退8   ⑮马三进五   卒7进1

⑯炮五进二   车2进1

黑方进车正着，如随手走卒7平6，则炮五进三，象3进5，马五退六，红方大优。

⑰炮五平六   卒7平6   ⑱炮六退二   车2退3

黑方弃子占势，可以一战。

着法2：炮3平6

⑨……   炮3平6

黑方平炮过宫连攻带防，伏有炮6进1串打的反击，局面更趋复杂，为后手方流行的战法。

⑩车六进六

红方进车士角捉双马，对抢先手。如改走仕六进五，则士6进5，兵五进一，车2进6，炮八退二，象3进5，炮八平七，炮6平3，黑方阵形稳固。另如走兵五进一，则士6进5，马三进五，车2进6，马五进六，炮8退2，兵五平四，炮8平6，车二进九，后炮平5，马七进五，马7退8，双方各有顾忌。

⑩……   象3进5

黑方如直接炮6进1串打反击，则红方既可马七进六，以下炮6平2，马六进五，马7进5，炮五进四，车8进3，炮五退一，将5进1，车六平七，车2进6，双方各有顾忌。同时也可选择兵五进一，则炮6平3，兵五进一，士4进5，车六平七，马7进6，双方对攻。

⑪兵五进一

红方进中兵正着，如车六平七急于吃马，则炮6进1，黑方可夺回一子，黑方易走。

⑪……　　　　车2进2

黑方抬车保马，着法稳健。如改走炮6退4打车，则兵五进一，炮6平4，兵五进一，士4进5，兵五平六，士5进4，车二进一，红方弃车搏杀，黑方防守压力比较大。

⑫兵五进一　马7进5　　⑬马三进五　车8进3

黑方另一种思路是士6进5或士4进5，待红方炮五进四打马时再炮6退4，以下车六退一，车2进5，黑方夺回一子也可抗衡。

⑭马五进六　士4进5　　⑮车六退一　车2进4

⑯车二进二（双方互缠）

着法3：炮3平5

⑨……　　　　炮3平5

黑方平中炮叫将，形成一系列的子力交换，走法简明。

⑩仕六进五　车2进7　　⑪马三进五　车2退1

⑫车六进六　炮8平5

红方如兵三进一，则马7进6，红方无趣。

⑬车二进九　马7退8　　⑭车六平七　象7进5

⑮车七退一　马8进7（双方平稳）

第十一节　中炮横车七路马对屏风马

例局1　黑右象式（1）

①炮二平五　马8进7　　②马二进三　车9平8

③兵七进一　卒7进1　　④马八进七　马2进3

⑤车一进一

至此，双方弈成中炮横车七路马对屏风马布局的基本阵形。此局面的特点是攻守平衡，变化复杂。黑方主流的选择是右象（象3进5）、左象（象7进5）以及横车（车1进1）三种阵式。

⑤……　　　象3进5　　⑥车一平四

黑方飞右象，均衡发展。红方平车占四路肋道，控制对方7路马的出路是横车七路马布局的基本步调。

⑥……　　　士4进5

黑方补右士稳固中防，同时开通右车出路，是常见的走法。此外另有炮8进2、炮8平9等走法。

⑦炮八平九　　炮2进4

如图5-31，黑方右炮过河窥视三兵，此时红方有车九平八和兵五进一这两种走法，分述如下。

着法1：车九平八

⑧车九平八

红方出车捉炮，形成各取一方的对攻局势。

⑧……　　　炮2平7

⑨相三进一　　卒7进1

黑方7卒过河试探红方应手，

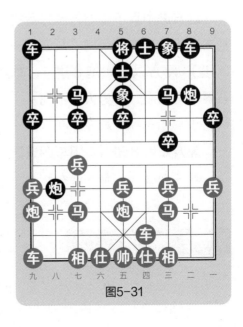

图5-31

如炮8平9，则车八进七，车1平3，马七进八，卒7进1，双方对抢先手。

⑩车八进七　车1平3

红方进车捉马先牵制对方，比较好的走法。如相一进三，则炮8进7，仕四进五，车1平4，以下红方如误走车八进七，则炮8平9，车四平一（如车八平七，则车8进9，车四退一，车8平7，相三退一，马7进6！黑方有攻势），车8进9，仕五退四，车4进8！车一平六，车8退2，仕四进五，车8平7，黑方攻势猛烈，红方难以应付。

⑪相一进三　炮8平9　　⑫车四进二　车8进4

黑方升车巡河，先弃后取，有力的对抗走法。

⑬车四平三　马7进6　　⑭车三平四　炮9平6

⑮马三进四　卒3进1

黑方进3卒，伏有马6退4及马3进4的反攻手段，是局面要着。至此，双方仍是各有顾忌之势。

着法2：兵五进一

⑧兵五进一　车1平2

红方进中兵不给对方炮打兵的机会。黑方出直车稳正，如炮8进4，则车九平八，车1平4，马三退一（妙手！伏有炮五平二及马一进二的手段），黑方以下如炮8进1，车八进三，炮8平3，车八进四，黑方右翼暴露弱点，形势大为不利。

⑨车九平八　炮8平9

黑方如炮8进4，则车四进三，车8进4，仕六进五，双方对峙。

⑩兵九进一　车8进6　　⑪炮九进一　马7进8（双方互缠）

例局2　黑右象式（2）

①炮二平五　马8进7　　②马二进三　车9平8

③兵七进一　　卒7进1

④马八进七　　马2进3

⑤车一进一　　象3进5

⑥车一平四　　炮8进2

黑方右马稍弱，左炮巡河，准备兑卒活马，是现今流行的走法。如图5-32，红方主要有马七进六和炮八平九两种常见走法，分述如下。

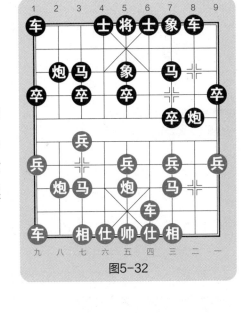

图5-32

着法1：马七进六

⑦马七进六　　卒3进1

⑧炮八平七

红方另一种激进的走法是马六进七强行上马，则卒3进1，炮八平七，车1平2！形成红方随时可马吃中象，黑方有过河卒，双方各有顾忌的复杂局面。

⑧……　　　　卒3进1

黑方如马3进4，则兵七进一，象5进3，车九平八，炮2平4，黑方阵形工整，可以抗衡。

⑨炮七进五　　卒3平4　　　⑩车九平八　　炮2平1

⑪车四进六　　车1平3　　　⑫炮七平八　　车8进2

⑬炮五进四　　士6进5　　　⑭车八进六（双方各有顾忌）

着法2：炮八平九

⑦炮八平九

红方平边炮通车，均衡发展。

⑦……　　　　车1平2　　　⑧车九平八　　炮2进4

黑方右炮封车，争夺空间。如改走卒3进1，则车八进四，卒3进

121

1，车八平七，马3进4，车四平八，车8进1！黑方亦是可战之势。

⑨兵五进一　车8进1　　⑩车四进二　车8平2

黑方足可一战。

例局3　黑左象式

①炮二平五　马8进7　　②马二进三　车9平8

③兵七进一　卒7进1　　④马八进七　马2进3

⑤车一进一　象7进5

⑥车一平四　士6进5

如图5-33，黑方左象左士应对横车七路马，右翼较为稳固，需要注意右车的出路。红方以下主要有兵五进一、炮八进二、马七进六共三种走法，分述如下。

着法1：兵五进一

⑦兵五进一

红方进中兵随时准备上盘头马，积极进取。

⑦……　　炮8进2

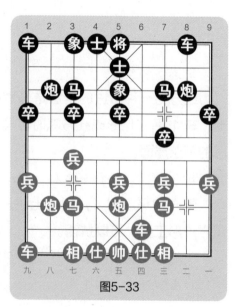

图5-33

黑方左炮巡河，严防死守，是稳健的走法，也可选择马7进8再马8进7牵制对方。

⑧车九进一　卒3进1

红方起横车蓄势待发，如马七进五，则炮2进4，兵三进一，卒7进1，马五进三，黑方可炮2平7攻相再抢出右车，红方不够满意。

⑨马七进五　炮2平1　　⑩兵五进一　车1平2

⑪炮八平七　卒5进1　　⑫兵七进一　马3进5

⑬兵七进一　车2进6

黑方足可一战。

着法2：炮八进二

⑦炮八进二

红方左炮巡河，稳步推进，走法稳健。

⑦……　　　　炮2平1

黑方如马7进8，则马七进六，卒1进1，车九进一，车8平7，炮五平七，双方互缠。

⑧兵三进一　卒7进1　　⑨炮八平三　车1平2

⑩车四进五　炮8进4　　⑪车九进一　车2进4

⑫车九平二　车2平8（双方互缠）

着法3：马七进六

⑦马七进六　炮2进4

黑方右炮过河准备先手打兵，是一种典型的战术。

⑧相三进一

红方先飞边相，可避免黑方借炮打兵的先手而抢出车。如改走兵七进一，则炮2平7，兵七进一，炮7进3，仕四进五，车1平2，炮八进四，炮8进7，马三退二，车8进9，车九进一，车2进1，黑方有攻势。

⑧……　　　　炮2平4

黑炮平肋意味深长，以后有进炮骚扰的手段。

⑨车九平八　车1平2　　⑩炮八进六　炮4进1

⑪马六进七　车2平1　　⑫车八进七

双方对抢先手。

例局4　黑右横车式

① 炮二平五　　马 8 进 7

② 马二进三　　车 9 平 8

③ 兵七进一　　卒 7 进 1

④ 马八进七　　马 2 进 3

⑤ 车一进一　　车 1 进 1

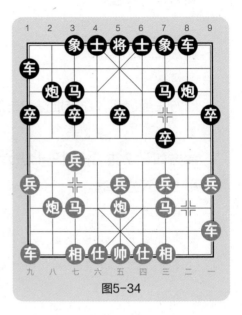

图5-34

黑方右车迅速横起，加快主力的出动速度。

如图5-34，红方主要有车一平六和车九进一两种走法，分述如下。

着法1：车一平六

⑥ 车一平六

红车控制左肋，针锋相对的走法。如改走车一平四，则车 1 平 4，炮八平九，炮 2 进 4，兵五进一（如车九平八，则炮 2 平 7，相三进一，象 7 进 5，黑方反先），车 4 进 5，黑势具有弹性。

⑥……　　　象 7 进 5　　⑦ 车九进一　　马 7 进 6

⑧ 马七进六　　马 6 进 7

黑方如马 6 进 4，则车六进三，炮 8 平 7，车九平六，车 1 平 6，炮五平七，车 6 进 3，相三进五，士 4 进 5，炮七进四，红方易走。

⑨ 炮五平七　　炮 2 退 1　　⑩ 炮七进四　　炮 2 平 7

⑪ 兵七进一　　马 7 退 8

双方对抢先手，各攻一翼。

着法2：车九进一

⑥ 车九进一　　炮 2 进 4

红方再起横车，蓄势待发。黑方右炮过河另辟蹊径，如改走车 1 平 4，则车九平六，车 4 进 7，车一平六，象 7 进 5，兵五进一，红方稳占主动。

⑦兵五进一　炮2平3　　⑧相七进九　车1平2

⑨车九平六　马7进8

黑方足可一战。

第十二节　中炮巡河炮对屏风马

例局1　黑右象式

①炮二平五　马8进7　　②马二进三　车9平8

③兵七进一　卒7进1　　④马八进七　马2进3

⑤炮八进二

至此，双方形成中炮巡河炮对屏风马布局的基本阵形。红方右车缓开，升炮巡河，可伺机兑兵活马或掩护左马占据河口，是相对稳健的布局。黑方以下主要有右象（象3进5）、左象（象7进5）、外马封车（马7进8）三种走法。

⑤……　　　　象3进5

⑥车一平二

如图5-35，黑方如走炮8进4封车，红方可顺势兵三进一兑兵，接下来卒7进1，炮八平三，黑方进炮扑空，红方主动。此时黑方主要有车1平3和炮2进2两种常见走法，分述如下。

着法1：车1平3

⑥……　　　　车1平3

黑方马后藏车，准备冲3卒反

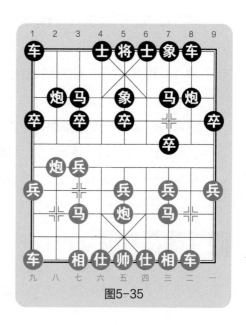

图5-35

击，构思巧妙。这是胡荣华特级大师在 20 世纪 60 年代所创，至今仍是右象体系中应对巡河炮最重要的变例之一。

⑦ 车九进二

红方升车护马，稳健。如急于兵三进一，则卒 3 进 1！兵七进一，马 3 退 5，黑方可对抢先手。

⑦……　　　　炮 2 退 1

黑方 2 路炮退一步，保持机动灵活。如改走炮 8 进 2，以下兵三进一，炮 2 退 1（如卒 3 进 1，则兵七进一，炮 8 平 3，车二进九，炮 3 进 5，仕六进五，马 7 退 8，马三进四，卒 7 进 1，炮八平三，红方先手），兵三进一，炮 2 平 8，车二进五，马 7 进 8，兵三平二，红方一车换双并有过河兵，仍占先手。

⑧ 车二进六　炮 8 平 9　　⑨ 车二平三　车 8 进 2

⑩ 马七进六　炮 2 平 7　　⑪ 车三平四　车 3 平 2

⑫ 车九平八　炮 7 平 4（双方互缠）

着法 2：炮 2 进 2

⑥……　　　　炮 2 进 2　　⑦ 车二进六　炮 2 退 1

黑方右炮进而复退，伏有冲 3 卒的手段。如改走炮 8 平 9，则车二进三，马 7 退 8，车九进一，士 4 进 5，车九平二，马 8 进 7，兵三进一，卒 7 进 1，炮八平三，红方稳占先手。

⑧ 车二退二　炮 2 进 1　　⑨ 马七进六

黑方采用坚守待变的策略，红方如车二进二，黑方仍可炮 2 退 1 应对。

⑨……　　　　马 7 进 8　　⑩ 车二平四　士 4 进 5

⑪ 马六进七　马 8 进 7　　⑫ 炮五平七　炮 8 平 6（双方对峙）

例局 2　黑左象式

① 炮二平五　马 8 进 7　　② 马二进三　车 9 平 8

③兵七进一　卒7进1

④马八进七　马2进3

⑤炮八进二　象7进5

⑥车一平二　车1进1

黑方右车横起，伺机抢占要道，对抗性较强。如改走炮8进2，则兵三进一，炮2退1，车二进三，炮2平7，兵三进一，炮7进3，马三进四，双方互缠。

如图5-36，面对黑方的左象横车阵形，红方有兵三进一和车九进一两种常见走法，分述如下。

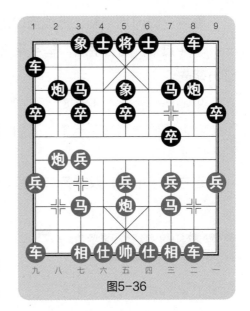

图5-36

着法1：兵三进一

⑦兵三进一　卒7进1　　⑧炮八平三　炮2进2

⑨车二进六

红方如炮三进二，则车1平6，车二进四，炮8平9，车二平三，车8进4，车九平八，双方对峙。

⑨……　　　车1平6

黑方如马7进6，则炮五进四，马3进5，车二平五，红方先手。

⑩炮五平六　马7进6　　⑪车二退三　车6平8

⑫车九平八　卒3进1　　⑬兵七进一　象5进3

⑭相七进五　炮8平6　　⑮车二进五　车8进1（双方平稳）

着法2：车九进一

⑦车九进一

红方起左横车，含蓄多变。

⑦……　　　车1平4　　⑧马七进六　炮8进3

黑方进骑河炮牵制，形成河口的争夺。亦可走炮 8 进 4，则车二进一，车 4 进 3，炮五平六，车 4 平 2，炮八进三，车 2 退 2，相七进五，红方略先。

⑨炮五平六　车 4 平 8　　　⑩相三进五　卒 3 进 1

⑪兵七进一　炮 8 平 2　　　⑫车二进八　车 8 进 1

⑬兵七进一

红方弃子争先，双方各有顾忌。

例局3　黑外马封车式

①炮二平五　马 8 进 7　　　②马二进三　车 9 平 8

③兵七进一　卒 7 进 1　　　④马八进七　马 2 进 3

⑤炮八进二　马 7 进 8　　　⑥马七进六

黑方进外马封锁红方右车直出，红方跃马河口，构筑"河口堡垒"准备进行阵地战和持久战，是这一变例的主旋律。此时红方如改走兵三进一，则卒 7 进 1，炮八平三，车 1 进 1，黑方迅速反击红方右翼，红方难以满意，这也是黑方选择外马封车的用意之一。

如图 5-37，以下黑方有象 3 进 5 和象 7 进 5 两种走法，分述如下。

着法 1：象 3 进 5

⑥……　　　　象 3 进 5

⑦车一进一

红方如选择炮五平七、炮五平六、车九进一等走法，均以阵地战为主。此时如走马六进五吃中卒，虽得实惠，但阵形不稳，得不偿失。

⑦……　　　　车 8 进 1

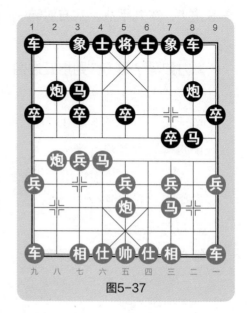

图5-37

黑方左车曲折而出，与右翼相呼应，是内线调整的常见手段。

⑧车九进一　马8进7　　⑨炮五平七　炮8平7

双方各自调整子力，在对峙中待机而动。

⑩车一平二　车1进1　　⑪相三进五　炮2退2

双方互缠，战线漫长。

着法2：象7进5

⑥……　　　　象7进5　　⑦车一进一　炮2退1

黑方飞起左象，子力发展则趋向左翼。此时改走车1进1、炮2平1、马8进7等走法也都是可以的。

⑧车一平四

红方如炮五平七调整阵形，则炮2平7，相七进五，车1平2，车九平八，车2进3，双方对峙局面。

⑧……　　　　炮2平7　　⑨车九平八　车1平2

⑩车四进七　炮7进5　　⑪相三进一　车2进3

黑方不能走车2进4巡河，否则兵七进一！车2平3，马六进五，马3进5，炮五进四，士6进5，炮八进五，马8退7，车八进八，红方天地炮攻势猛烈，黑方难以招架。

⑫马六进五　士4进5（双方互缠）

第十三节　中炮先锋马对屏风马

例局

①炮二平五　马8进7　　②马二进三　车9平8

③兵七进一　卒7进1　　④马八进七　马2进3

⑤马七进六

红方缓开车而跃出七路马，盘河控制要点，俗称"先锋马"。意在避开流行的常规套路。如图5-38，黑方有车1进1和象3进5两种常见的走法，分述如下。

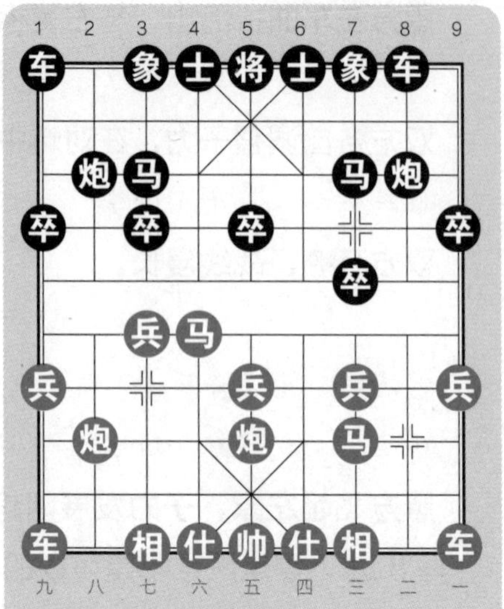

着法1：车1进1

⑤……　　　　　　车1进1

黑方起横车，准备通过攻击红方河口马来争夺先手，力争主动的走法。

⑥炮八平六

红方如车一平二，则车1平4，炮八进二，炮8进3，双方对抢先手。

⑥……　　　　　　炮2进3

黑方进炮轰马，活通右车。

⑦马六进七　车1平4　　⑧仕四进五　炮2退4

黑炮回撤，准备平3路攻马，目标明确。另如走炮2进1，则车九平八，炮2平7，相三进一，车4进2（紧凑，如随手走士6进5，则车一平四，红方主动），马七退八，车4进1，炮六平七，双方互缠。

⑨车九平八　炮2平3　　⑩炮六平七　车4进2

⑪马七退八

红方退马是明智之举，如兵七进一，则炮8进2，红马处境危险。

⑪……　　　　　　车4平2　　⑫车一平二　炮3平2

⑬车八进三　炮2进4　　⑭车二进六

红方弃子争先，双方各有顾忌。

着法2：象3进5

⑤……　　　　　　象3进5

黑方飞象固防，是静观其变的走法。

图5-38

⑥炮八平七　车1平2

红方平七路炮遥控黑方3路线，另如走炮五平七，则卒3进1，兵七进一，象5进3，车一平二，马3进4，车二进四，炮8平9，车二进五，马7退8，局面简化，较为平稳。

⑦车九平八

红方如车一平二，则炮8进4，马六进七，炮2进4！马七进五，象7进5，炮七进五，炮8平5，马三进五，车8进9，炮七平三，车8平7，黑方易走。

⑦……　　　炮2进4　　⑧兵七进一　炮2平3

⑨车八进九

红方弃相兑车，不甘示弱。如兵七平八，则卒3进1，炮七平八，车2平3，兵八平七，象5进3，黑方可以抗衡。

⑨……　　　炮3进3　　⑩仕六进五　马3退2

⑪兵七进一

双方各有顾忌。

第十四节　五七炮三兵对屏风马

例局1　黑外马式

①炮二平五　马8进7　　②马二进三　马2进3

③车一平二　车9平8　　④兵三进一　卒3进1

⑤炮八平七

根据黑方屏风马3卒的棋形特点，红方炮平七路遥控黑方3路线，非常具有针对性。红方走五七炮三兵另一种次序是第5回合先走马八进九，黑方如卒1进1，红方再炮八平七。五七炮三兵布局是长盛不衰的流行布局之一。

⑤……　　　马3进2　　⑥马三进四　象3进5

⑦马四进五

如图5-39，红方趁黑马外跳，中路薄弱之机，右马跃出直取中卒，是主流的进攻手段之一。以下黑方主要有炮8平9和炮8进4两种走法，分述如下。

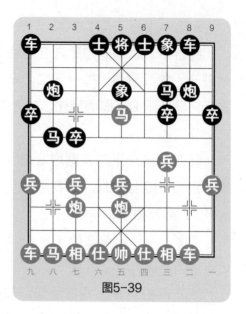

图5-39

着法1：炮8平9

⑦……　　　炮8平9

黑方平炮兑车解除左翼子力被牵制的状态，如改走马7进5，则炮五进四，士4进5，车二进五！红方以后有炮七平二的先手，明显易走。

⑧车二进九　马7退8　　⑨马五退七

红马顺势捞卒，并可伺机调整马位或兑子。

⑨……　　　士4进5　　⑩马七退五

红方也可马七进八兑子，则炮9平2，兵九进一或兵七进一，红方主动。

⑩……　　　车1平4

红方多兵，黑方右车出动较快。对比之下，红方易走。

着法2：炮8进4

⑦……　　　炮8进4

黑方左炮封车，战法更显积极。

⑧马五退七　炮2退1　　⑨马七进六　炮2平4

⑩车九进一

红方如马八进九，则马2进4，炮七退一，马4进6，黑方足可一战。

⑩……　　　士4进5

黑方如马2进4，则车九平六，马4进5，相三进五，车1平2，马八进九，红方先手。

⑪马六退五　马2进4　　⑫马五进七　马4退3

⑬炮七进四（红方先手）

例局2　黑右士式

①炮二平五　马8进7　　②马二进三　车9平8

③车一平二　马2进3　　④兵三进一　卒3进1

⑤炮八平七　士4进5

如图5-40，黑方补士以静制动，是稳正的应着，也是后手方采用比较多的一种走法。红方以下如马三进四躁进，则炮8进3！马四进三，炮8进1，兵七进一，马3进4，兵七进一，马4进5，黑方"天马行空"，子力活跃，形势乐观。红方主要有马八进九和车九进一两种走法，分述如下。

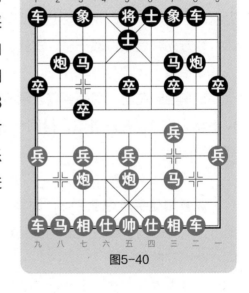

图5-40

着法1：马八进九

⑥马八进九　马3进2

⑦车九进一　象3进5　　⑧车九平六　炮8进4

⑨马三进四

红方右马出击，战法积极。另如走车六进五，则卒3进1，车六平八，马2进4，车八进一（如炮七进二，则马4进6），马4进3，兵七进一，车1平4，仕四进五，马3退4，黑方可以抗衡。

⑨……　　　　炮8平3

黑炮打兵瞄相，接受挑战。如改走马2进1，则炮七平八，炮2进4，兵三进一，炮2平5，仕四进五，炮8平6，车二进九，马7退8，车六进五，双方对抢先手。另如走车1平2，则车二进二，马2进1，炮七平六，炮2平4，马四进六，红方先手。

⑩车二进九　炮3进3　　⑪仕六进五　马7退8

⑫车六进五

双方对抢先手。

着法2：车九进一

⑥车九进一　马3进2　　⑦车二进六　象3进5

红方右车过河占据要道，同时抛出八路底马作为诱饵。黑方飞象不为所动，正着。如改走炮2进7吃马，则车九平八，马2进1，车八进二，红方先弃后取得回一子，占优。

⑧车九平六　马2进3

红车控制左肋，局面要着。黑方如炮2进7吃马，红方可车六平八，以下马2进1，车八进二，得回一子。黑方2路炮发出后，阵形失调，红方易走。

⑨车六进五　车1平4　　⑩车六平八　马3进5

黑方如随手走炮2平3，则马三进四，炮8平9，车二进三，马7退8，炮五进四，红方确立当头炮地位，用左车牵制黑方肋车的活动空间，从而控制局面。

⑪相七进五　炮8平9　　⑫车二平三　炮2平4（双方互缠）

例局3　黑右横车式

①炮二平五　马8进7　　②马二进三　车9平8

③车一平二　马2进3　　④兵三进一　卒3进1

⑤炮八平七　车1进1　　⑥马八进九　马3进2

如图5-41，红方接走车二进六或车九进一双方从容部署子力，局面呈互缠之势。此时如兵七进一或马三进四，双方则迅速进入到战斗局面。现将这两种走法分述如下。

着法1：兵七进一

⑦兵七进一

红方利用七路炮对黑方3路线发起冲击，常用手段。

⑦……　　　　卒3进1

黑方舍象吃兵，不甘示弱正着。如走马2进1，则炮七进一，马1退3，车九平八，红方主动。

⑧炮七进七　士4进5　　⑨车二进六

红方如走车二进五，则马2进4，车二平六，炮2进5，炮五平六，马4进6，车六平四，车1退1，车四退二，炮2平7（如走车1平3，相七进五，双方互有顾忌），炮七退三，炮8进7，黑方足可一战。

⑨……　　　马2进4　　⑩车九平八　车1退1

⑪炮七退一　炮2平5

双方对抢先手，互有顾忌。

着法2：马三进四

⑦马三进四　车1平6

黑方横车过宫捉马，准备放"空头炮"给红方，战法非常强硬。如走象3进5，则马四进五，炮8平9，车二进九，马7退8，车九进一，马2进1，炮七退一，车1平4，车九平八，车4进7，车八进二，炮2平1，马五退七，士6进5，马七退五，红优。

⑧马四进五　马7进5　　⑨炮五进四　炮8进4

红方有空头炮，但双车线路尚未畅通，黑方子力颇具活力，局面各有顾忌。

例局4　黑进右卒式

① 炮二平五　马8进7　　　② 马二进三　车9平8

③ 车一平二　马2进3　　　④ 兵三进一　卒3进1

⑤ 炮八平七　卒1进1　　　⑥ 马八进九　马3进2

⑦ 车九进一

如图5-42，是五七炮三兵对屏风马布局的经典阵形。此开局长盛不衰，属于热门开局。黑方比较常见的有卒1进1、象7进5、马2进1、象3进5、车1进3五种走法，分述如下。

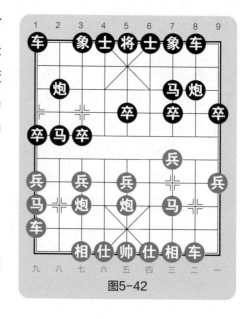

图5-42

着法1：卒1进1

⑦……　　　　卒1进1

黑方兑边卒，1路车可迅速控制骑河线，对红方构成有效牵制，是开放型的下法。

⑧ 兵九进一　车1进5　　　⑨ 车二进四

红方升车巡河护兵，稳扎稳打。如改走车九平四，则车1平7，以下马三进四，象7进5，车二进六，士6进5，马四进六，卒5进1，红方快马出击，双方对抢先手。

⑨……　　　　象7进5　　　⑩ 车九平四　车1平4

黑方如走士6进5，红方接走车四进五或炮七退一，双方均属纠缠局面，红方仍保持先手。

⑪车四进三

红方肋车巡河邀兑，争夺要道。如改走马三进四，则士 6 进 5，马四进三（红方如走马四进五，马 7 进 5，炮五进四，卒 7 进 1，黑方可以抗衡），马 2 进 1，炮七退一，马 1 进 3，双方互缠。

⑪……　　　车 4 进 1

黑方如走车 4 进 2 捉炮，看似先手实则不然。红方可以走炮五平四腾挪调整子力，黑车不敢车 4 平 3 吃炮，否则红方有相三进五打死黑车的手段。

⑫仕六进五　炮 8 进 2

双方对峙。

着法 2：象 7 进 5

⑦……　　　象 7 进 5

黑方先补左象中路稳一手，看红方子力动向。

⑧马三进四

红方右马出击，是积极的走法，这是五七炮三兵布局中红方随时可发动攻击的重要手段。若走车二进四或车九平四，黑方均以车 1 进 1 从容应对。

⑧……　　　马 2 进 1

黑马踩边兵，扰乱红方部署，对抗性较强。黑方如走卒 1 进 1，则兵九进一，车 1 进 5，马四进五，马 7 进 5，炮五进四，士 6 进 5，兵七进一！车 1 平 3，炮七退一，红方弃兵陷车，黑方稍有不慎就会落入陷阱。试举一例，黑方如接走车 8 平 6（应车 3 进 2 较顽强），则炮五退一，马 2 进 1 相三进五，车 3 进 2，车九平八，车 6 进 4，兵五进一，车 6 进 2，车八进五，黑方子力位置不佳，陷入困境。

⑨炮七平六

红方躲炮正着，如改走车九平八，则马 1 进 3，车八进六，马 3 退 5，黑方足可抗衡。

⑨……　　　　车 1 进 3　　⑩车九平八　炮 2 平 4

黑方如走车 1 平 4，则车八进六，车 4 进 4，仕六进五，车 4 退 4，车二进六，红方易走。

⑪车二进六　卒 1 进 1

双方互缠。

着法 3：马 2 进 1

⑦……　　　　马 2 进 1

黑方马踩边兵，意在打乱红方子力部署，机动灵活的走法。

⑧炮七退一

红方七路炮回撤，避免被黑方利用，是当今流行的走法。另一种主要走法是炮七进三，黑方可走卒 1 进 1，以后右车巡河或车 1 进 3 扼守卒林，与红方对抗。

⑧……　　　　车 1 进 3　　⑨车九平八　卒 1 进 1

黑方右炮并不急于摆脱红车牵制，而进 1 路边卒，视红方动向再做调整，灵活的走法。

⑩车二进五

红方右车骑河捉卒抓住黑象难补的问题，是针对性很强的一种下法。另一种流行变化是马三进四，黑方有炮 2 平 5，炮 2 平 4，车 1 平 4，士 6 进 5 等走法。

⑩……　　　　炮 2 平 4　　⑪车二平七　象 7 进 5

⑫车七平六　士 6 进 5

红方先手。

着法 4：象 3 进 5

⑦……　　　　象 3 进 5　　⑧车二进六

黑方飞右象是五七炮三兵布局中最为复杂的变例。红方的布局次序主要有车二进六，马三进四，车九平六三种，变化都非常丰富。次序的不同有可能有的变化异途同归，也可能形成不同特点的棋形。

⑧……　　　　车1进3　　　⑨车九平六

红方右车过河，左车占左肋。黑方飞右象，1路车再升到卒林线，在防守中伺机反击，是这一布局体系的经典阵型。

⑨……　　　　炮8平9　　　⑩车二进三

红方选择兑车是一种策略下法，希望以后在黑方左翼能有所作为。如走车二平三，则炮9退1，双方亦是战斗格局。

⑩……　　　　马7退8　　　⑪炮七退一　士6进5

红方退炮调整子力，准备打阵地战，逐步向黑方左翼施加压力。黑方无论补哪个士，红方的攻法均大同小异，但是士象方向的不同也会影响战斗的方向。以下列举一变：黑方如士4进5，则兵五进一，马2进1，车六进二，炮9平7，马三进四，炮7进3，马四进三，马8进7，双方互缠。

⑫兵五进一　马2进1　　　⑬车六进二

双方对峙。

着法5：车1进3

⑦……　　　　车1进3

黑方1路车先升卒林护住中卒，再决定象的方向，是近年来新发展的一路走法。

⑧车九平六　士6进5　　　⑨车二进六　炮8平9

⑩车二平三　象7进5　　　⑪兵七进一　马2进1

黑方底象在红七路炮的窥视之下，红方针对此棋形，冲七兵发起攻击，展开战斗。黑马吃边兵捉双是化解的正着。

⑫炮七退一　马1退3　　　⑬马九进七

红方如走马九进八，则车1平2，炮七平八！车2进2，炮八进六，车2退3，车三进一，双方各有顾忌。

⑬……　　　　炮9退1

双方局面复杂，互缠之势。

第十五节　五八炮三兵对屏风马

例局1　黑左象式

① 炮二平五　马8进7　　② 马二进三　车9平8

③ 车一平二　马2进3　　④ 兵三进一　卒3进1

⑤ 炮八进四

红方飞炮过河，伺机炮八平三打卒或炮八平七压马，构成五八炮三兵对屏风马的基本阵形，是相对稳健的布局。黑方主要有象7进5，象3进5，马3进2三种走法。

⑤……　　　象7进5

黑方飞左象，意图削弱红方过河炮的作用，合乎棋理，是当下较为流行的战法。

如图5-43，红方主要有炮八平七、马八进九、马八进七三种走法，分述如下。

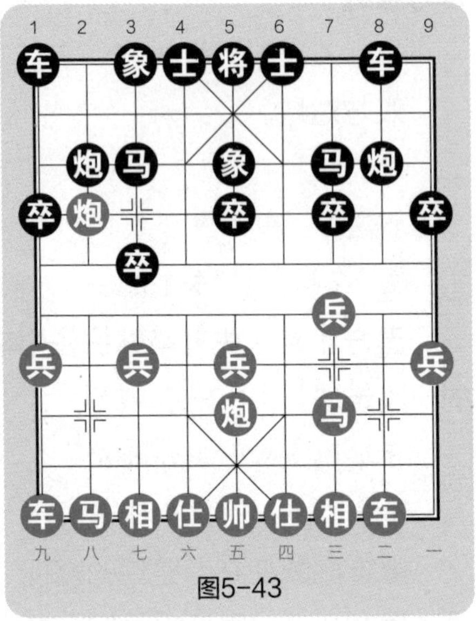

图5-43

着法1：炮八平七

⑥ 炮八平七

红方过河炮压住黑方3路马，加强控制，以后有马三进四再进六的攻击手段。

⑥……　　　车1平2

黑方如走炮2进6，则马三进四，车1平2，马四进六，车2进3（正着，如走车2进2，则马六进四，红方积极主动），炮七平三，卒5进1，马六进七，车2平7，车九进一，炮2退7，炮五进三，士6进5，车九平六，炮2平3，黑方可以一战。

⑦马八进七　炮2进2

黑方右炮巡河，着法稳健。如改走炮2平1，则车九平八，车2进9，马七退八，炮8平9，车二进九，马7退8，马八进七，红方残局占先。另如走炮2进4，则车二进六，车2进3，炮七平三，车2进2，兵五进一，炮8平9，车二进三，马7退8，车九平八，车2退1，黑方可以抗衡。

⑧车九平八

红方如走车二进六，则卒7进1，车二平三，车8平7，兵三进一，炮2平7，马三进二，马7退5，黑方可以对抗。

⑧……　　　卒7进1　　⑨车二进四　卒7进1

⑩车二平三　马7进6　　⑪兵七进一　卒3进1

⑫车三平七　炮8平6

双方平稳。

着法2：马八进九

⑥马八进九　卒1进1

黑方挺边卒制马，并为右车开辟通道。因为红方是边马布局，黑方如走马3进4扑出，则红方车九进一！卒3进1，炮八平三，卒3进1，车九平八，以下续有车八进四与车二进五等战术手段，红方主动。

⑦炮八平七　车1进3　　⑧车九平八　车1平3

⑨车八进七　炮8平9

黑方平炮邀兑，虽然在步数上有损失，但可简化子力，减轻左翼压力。

⑩车二进九　马7退8　　⑪车八进一

红方进车顿挫，迫使黑方补士，切断黑马转移的路线，再退车运至右翼攻击。如直接走车八退六，则卒3进1或车3平4，黑方亦可对抗。

⑪……　　　士4进5　　⑫车八退七　马8进6

黑方如走卒3进1，则车八平二，卒3进1，车二进八，卒3平2，

黑方弃马连续挺进3卒，对红方左翼形成威胁，也是可行的构思，双方
各有顾忌。

⑬车八平二　卒5进1

黑方冲起中卒，准备运车左移。也可走炮9平8拦车，暂时避免红
车骚扰。

⑭炮五进三

红方炮打中卒保持局面复杂。如改走车二平四，则马6进8，炮五
进三，卒3进1，兵七进一，车3进2，车四平二，马8进6，相三进
五，车3退1，炮五平二，炮9平8，炮二平九，车3平1，车二进六，
车1进2，双方和势。

⑭……　　　　车3平6　　⑮炮五平九　　车6进3

红方多兵，黑车进至兵线也有反击力，双方各有顾忌。

着法3：马八进七

⑥马八进七　马3进4

红方正马变化较为丰富。黑方如走马3进2，红方有马三进四抢吃
中卒的走法，双方也有纠缠。

⑦炮八平三　炮2平3　　　⑧车九平八　车1进1

黑方起右横车均衡发展，亦可走炮8进4封锁。此时如卒3进1
急于攻击，则车二进五！马4进3（如马4进2，马七退九，炮3平2，
车二平八！黑马位尴尬，大亏），炮五退一，黑方出子速度落后，得不
偿失。以下如再贸然卒3平2进攻，则车八进四！炮3进5，车八退二，
炮3进1，车八平七，红方夺回一子，明显占优。

⑨车二进五　马4进3　　⑩炮五平四

红方如走炮五平六，则炮8平9，车二平四，车1平4，仕六进五，
车4进4，兵三进一，卒3进1，双方对抢先手。

⑩……　　　　车1平6　　⑪仕六进五

双方互缠。

例局2 黑右象式

① 炮二平五　马8进7　②马二进三　车9平8

③ 车一平二　马2进3　④兵三进一　卒3进1

⑤ 炮八进四　象3进5

如图5-44，红方主要有炮八平三、马八进七、马八进九三种走法，分述如下。

着法1：炮八平三

⑥ 炮八平三　车1平2

正着！如走士4进5，则马八进九，马3进2，车二进四，红方主动。

⑦ 车九进一　炮2平1

⑧ 马八进九　车2进5

⑨ 兵三进一

红方如走车二进四，则炮8平9，黑方满意。

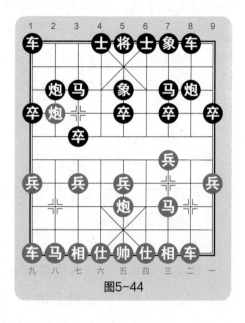

图5-44

⑨……　　　象5进7　⑩炮三进三　士6进5

⑪ 炮三退一　象7退5　⑫兵九进一　车2平4

双方互有顾忌。

着法2：马八进七

⑥ 马八进七　马3进2　⑦炮八平三　车1平3

黑方出象位车，从3路线上反击，是这个布局变化中重要的思路。

⑧ 车二进五

红方右车骑河，占据空间，暂缓黑方卒3进1的手段。亦可选择马七退五，相七进九的防守走法。

⑧……　　　　炮8退1

黑方亦可走士6进5，双方也是纠缠之势。

⑨兵七进一

红方进七兵，打破左翼的僵局。如走马三进四，则炮8平5，车二平六或车二平四，双方对抢先手，局面紧张。

⑨……　　　　炮8平2　　　⑩车二进四　马7退8

⑪兵七进一　车3进4　　　⑫马七进六　马8进7

红方先手，黑方亦可周旋。

着法3：马八进九

⑥马八进九　卒7进1

黑方兑卒，破坏红方炮八平三打卒的计划，也可走炮8进4或卒1进1，亦是可战之势。

⑦兵三进一　象5进7　　　⑧马三进四

红马跃河头，视黑方选择再考虑炮八平七或平一，是比较灵活的下法。如走炮八平一，则炮2进5，炮一平三，象7退5，马三进四，炮8进5，黑方可以抗衡。另如走炮八平七，则车1平2，车九平八，炮2进4，黑方可战。

⑧……　　　　象7退5　　　⑨炮八平七　炮2进2

⑩车九平八　车1平2

黑方如走马7进8打车，红方可走炮五平二化解。

⑪车二进六

双方互缠。

例局3　黑外马式

①炮二平五　马8进7　　　②马二进三　车9平8

③车一平二　马2进3　　　④兵三进一　卒3进1

⑤炮八进四　马 3 进 2

黑方进外马舒展右翼，避免红方过河炮的压制，亦是常用战法。

⑥马八进九　车 1 进 1

⑦车九进一

如图 5-45，黑方主要有车 1 平 4 和车 1 平 6 两种走法，分述如下。

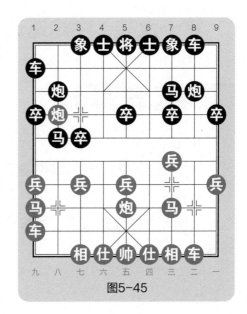

图5-45

着法 1：车 1 平 4

⑦……　　　车 1 平 4

⑧炮八平三　象 7 进 5

⑨车九平四　卒 3 进 1

黑方此时马上冲 3 卒过河，准备右翼反击，走法积极。另如走士 6 进 5，则马 2 进 1，卒 1 进 1，双方亦是可战之势。

⑩兵七进一

红方另如走兵三进一，则卒 3 进 1，炮三平四，双方对攻。

⑩……　　　炮 2 平 3　　⑪马九退七　炮 8 进 4

双方对抢先手。

着法 2：车 1 平 6

⑦……　　　车 1 平 6　　⑧车九平六

红方如走车二进六，则车 6 进 3，兵九进一，象 7 进 5，双方对峙。

⑧……　　　士 6 进 5　　⑨车六进四　车 6 进 5

⑩炮五平六　象 7 进 5　　⑪相三进五　炮 8 进 5

⑫兵九进一　炮 8 平 9　　⑬车二进九　马 7 退 8

双方互缠。

第十六节　中炮巡河车对屏风马抢挺3卒

①炮二平五　马8进7　　②马二进三　卒3进1

黑方抢挺3卒，属于战略性选择，将布局的走向纳入到特定的领域。

③车一平二　车9平8　　④车二进四

红车巡河具有针对性，目的是尽快打通马路，是一种稳步进取的走法。

④……　　　马2进3　　⑤兵七进一　卒3进1

⑥车二平七

至此，双方弈成中炮巡河车对屏风马抢挺3卒布局的基本阵形。这一布局在清朝象棋古谱《梅花谱》中就有记载。黑方主要有炮2退1和卒7进1两种走法。

⑥……　　　炮2退1

黑方退炮准备逐车，常见走法。

⑦炮八平七　车1进2

黑升边车护马，是对古谱弃马陷车变化改进后的现代走法。古谱拟走炮2平3，车七平三（应走车七平六较好），卒7进1，车三进一，象3进5，车三进二，马3退5！炮五进四，炮3进8，帅五进一！炮3平1，形成红方弃车强攻的复杂局面，最终结论是红方弃车不成立。

⑧车七平八　炮2平7

黑方右炮左移引诱红方炮打象是预谋着法，目的是聚集兵力在左翼反攻。如图5-46，红方主要有炮七进七和车九进一两种走法，分述如下。

着法 1：炮七进七

⑨炮七进七

红方炮打底象，接受挑战。

⑨……　　　士 4 进 5

⑩炮五平八

红方移开中炮调整棋形，如走炮七平八，则卒 7 进 1，车九进一，也是一种战法。

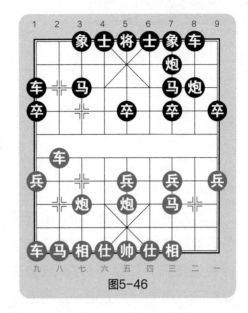

图5-46

⑩……　　　卒 7 进 1

⑪相七进五　象 7 进 5

⑫炮七平八　炮 8 进 3

⑬车八进二

红方如随手走前炮退二，黑方可顺势马 7 进 6，以下马八进六，马 3 进 4，车八进一，炮 8 退 1！车九平七，马 6 进 4，车七进四，前马进 6，黑方抢先发动攻势，红方不易抵挡。

⑬……　　　马 7 进 6

双方混战。

着法 2：车九进一

⑨车九进一

红方高横车保持阵型均衡，稳健的走法。

⑨……　　　象 7 进 5　　　⑩兵三进一

红方亦可选择车九平四或车九平二等走法。

⑩……　　　卒 7 进 1　　　⑪兵三进一　炮 7 进 3

⑫马三进二　士 6 进 5　　　⑬车九平六　车 8 平 6

双方对峙。

例局 2　黑进 7 卒式

①炮二平五　马 8 进 7
②马二进三　卒 3 进 1
③车一平二　车 9 平 8
④车二进四　马 2 进 3
⑤兵七进一　卒 3 进 1
⑥车二平七　卒 7 进 1

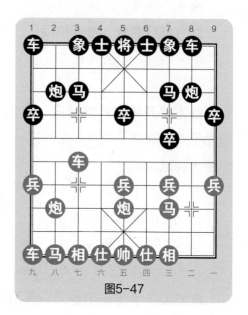

图5-47

黑方进 7 卒活通马路，以逸待劳。看对方如何出招，双方棋路选择更为宽广。如图 5-47，红方主要有马八进七、兵五进一、炮五平七三种走法，分述如下。

着法 1：马八进七

⑦马八进七　炮 2 退 1

黑方退炮准备逐车，展现出了屏风马的弹性。如走马 3 进 4，则兵三进一，卒 7 进 1（如走马 4 退 2，车七平四，红方稳占先手），车七平三，象 3 进 5，马七进八！马 4 进 2，炮八进五，马 2 进 4，车九进一，马 7 进 6，炮八平二，车 8 进 2，车三平四或车九平六，黑方双马虚浮易被追击，红方主动。

⑧马七进六　车 1 进 2

黑方高车护马，稳健的走法。如走炮 2 平 3，红方有马六进五强行交换的手段。再如走士 6 进 5，红方车七进一骚扰，双方的纠缠更趋复杂。

⑨炮五平六

红方如走马六进七捉车，黑方可炮 2 平 3 应对。

⑨……　　　炮 2 平 3　　⑩车七平八　炮 8 进 3

⑪车八进四　炮8退4　　⑫车八退四

红方如走车八平七吃炮，黑方可马7退5攻车。

⑫……　　　士6进5　　⑬相七进五　象7进5

双方对峙。

着法2：兵五进一

⑦兵五进一

红方先冲中兵准备从中路发起攻击，同时试探对方应手。

⑦……　　　士4进5

黑方补士稳健，如走炮2退1，则兵五进一，黑方来不及实施打车计划。只能走炮2平5，双方另有纠缠。

⑧兵五进一　卒5进1　　⑨马八进七　炮2退1

⑩马三进五　马7进5　　⑪马七进六　炮2平3

⑫马六进五　炮3进4　　⑬后马进七　马3进5

红方一车换双构思颇具攻击性，黑方可周旋，但需要小心应对。黑方此时如走象3进5，则马五进三，车8进1，马七进五，车1平4，炮八进六，车4进1，车九平八，红方主动。

⑭炮五进四　象3进5　　⑮车九平八

红方先手。

着法3：炮五平七

⑦炮五平七

红方中炮平七路攻马兼调整棋形，稳妥的一种攻法。如走炮八平七，则马3进2，炮七进七，士4进5，马八进七，象7进5，炮七退三，车1平3，红方七路线子力受制，黑方以后有炮8进3反击的手段，黑方易走。

⑦……　　　马3退5

黑方退窝心马稳健，如走马3进4，则炮七进七，士4进5，炮七平八，黑方以下可炮2平5或炮2平3，双方战势更为复杂。

⑧相七进五　象3进5　　⑨马八进六　马7进6

⑩炮八平九　炮8平6

黑方左炮平肋道，形成良好的阵型。如先走马5进7，则车九平八，炮2平4，马六进七，车8进1，兵三进一，卒7进1，车七平三，炮8进2，车八进六，红方易走。

⑪车九平八　炮2平3

黑方兑炮稳健，如走马5进7，则车八进六，红方先手。

⑫炮七进一　炮3退2

黑炮调整位置，灵活的着法。

⑬兵三进一　马5进3　　⑭车七平五　卒7进1

⑮车五平三　士4进5

双方平稳。

第六章　中炮对左三步虎

　　红方中炮缓开车布局，一般会选择进三兵或七兵。黑方左翼有机会可以连续起正马、出车、平边炮，三步亮出左车。棋谚有"车力强似虎"之说，所以这个布局俗称"左三步虎"，也是非常实用的流行开局。

例局1　红进七兵式

　　①炮二平五　　马8进7
　　②马二进三　　车9平8
　　③兵七进一　　炮8平9

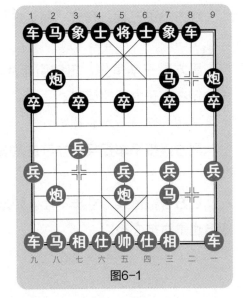

图6-1

　　如图6-1，是中炮缓开车进七兵对三步虎的基本阵形。红方有马八进七和兵三进一两种走法，分述如下。

　　着法1：马八进七
　　④马八进七　　车8进5
　　黑车骑河捉兵骚扰，最能展现"三步虎"布局的风格。当然黑方也可根据自己不同的策略选择卒7进1，车8进4，炮2平5，象3进5等多种走法。
　　⑤兵五进一
　　红方进中兵从中路发动攻势，如走相七进九则相对稳健。

⑤……　　　炮2平5　　⑥马七进五　马2进3

⑦炮八平七　车1平2　　⑧兵七进一　卒7进1

⑨兵七进一　马3退5

黑方如走马3退1，则兵三进一，车8退1，炮七退一，马7进6，兵三进一，车8平7，炮七平三，车7平8，兵五进一，马6进5，兵五进一，马5进7，兵五进一，马7退5，兵五平四，士4进5，兵九进一，红方弃子攻势猛烈。

⑩兵三进一　车8退1　　⑪炮五退一　车2进6

⑫炮七平五

双方混战局面。

着法2：兵三进一

④兵三进一

红方抢进三兵，布成"两头蛇"阵式。

④……　　　卒3进1

黑方献三卒争先，迅速引起战斗，战法强硬！也可先走象3进5，再决定右翼子力部署策略。

⑤兵七进一　车8进4　　⑥兵七进一　车8平3

黑方直接平车捉兵，亦可走象3进5，以后马2进4追击红兵。

⑦兵七平六

红方舍相留兵，寸步不让。如走相七进九，则车3退1，马八进六，双方也是对抗之势。

⑦……　　　车3进5　　⑧炮八平七　马2进1

⑨马三退五

红方如企图困吃黑车，而走车一进一，则车1平2！炮五进四，马7进5，相三进五，炮2平3！炮七进七，车2平3，相五退七，马5进4，黑方一车换双搏杀，形势乐观。

⑨……　　　车3退1　　⑩马八进九　车3平4

⑪兵六平五

双方混战，互有顾忌。

例局2　红进三兵式

①炮二平五　马8进7
②兵三进一　车9平8
③马二进三　炮8平9

红方抢挺三兵，黑方三步亮车，走成中炮缓开车进三兵对左三步虎的布局。如图6-2，红方如兵七进一与上局变化殊途同归。现将马八进七和马八进九两种走法，分述如下。

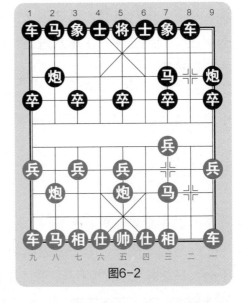

图6-2

着法1：马八进七

④马八进七　卒3进1

黑方右翼尚未定型，可转变成屏风马和列炮等阵形。如改走炮2平5，则形成对攻性较强的半途列炮开局。

⑤炮八进四

红方飞炮过河，形成五八炮阵式。如改走炮八平九，则马2进3，车九平八，车1平2，车八进六，炮2平1，黑方亦是对抗之势。

⑤……　　　马2进3　⑥炮八平七　车1平2

⑦车九平八　象3进5

黑方飞象巩固阵形，也可走炮2进2准备邀兑7卒，活通左马。红方以下如走车八进四，则卒7进1，兵七进一，卒3进1，车八平七，卒7进1，车七平三，马7进6，黑方可以对抗。另如走炮七平三，则炮2进2，车一进一，象7进5，车八进一，车8进3，兵三进一，象5进7，马三进四，炮9平8！双方互缠。

⑧车八进四　车8进4

黑方如按常规思路走炮2平1兑车，则车八进五，马3退2，车一进一，黑方右翼压力较大。

⑨车一进一

红方起横车保持变化，此时如走车一平二，则车8进5，马三退二，炮2平1，车八进五，马3退2，双方兑掉双车，局势平缓。另如走炮七平三，则炮2平1，车八进五，马3退2，车一进一，马2进3，黑方可以抗衡。

⑨……　　　　卒7进1　　⑩马三进四　卒7进1

⑪马四进三　炮9退1　　⑫车八平三　炮9平7

双方互缠。

着法2：马八进九

④马八进九　卒1进1

红方边马格局，黑方进边卒制马效率颇高。如走卒3进1，则炮八平七，马2进3，车九平八，车1平2，车八进六，炮2平1，车八平七，炮1退1，也是可战之势。

⑤车九进一

红方如走炮八平七，则卒1进1！兵九进一，车1进5，车九平八，车1平7，黑车迅速控制骑河线，满意。

⑤……　　　　马2进1　　⑥车一进一　士4进5

⑦马三进四　炮2平5

黑方还架中炮对抢先手，亦可考虑象3进5。

⑧马四进六　车8进4　　⑨车九平六　车1平2

⑩炮八进四　炮5平4

黑方平炮捉车，对抗的要着。

⑪炮五平八　炮4进6　　⑫后炮进七　马1退2

⑬车一平六　马2进1

双方互缠。

第七章　中炮对反宫马

第一节　中炮直车对反宫马

例局1　红进三兵式（1）

①炮二平五　马2进3　　②马二进三　炮8平6

③车一平二　马8进7　　④兵三进一

红方进三兵克制黑方左马是流行的布局战术之一。

④……　　　　卒3进1　　⑤马八进九　象7进5

黑方飞左象注重两翼均衡发展，如改走象3进5，将成右象横车格局。以下炮八平七，车1平2，车九平八，车9进1，车八进四，车9平4，仕四进五，红方先手。

⑥炮八平七　车1平2　　⑦车九平八　炮2进4

⑧兵七进一

红方弃兵抢攻，如走炮七退一、兵五进一等着法，双方均另有纠缠。

⑧……　　　　卒3进1　　⑨兵三进一　卒7进1

⑩车二进四

如图7-1，红方先弃七兵再送三兵，通车争先，发挥五七炮的火力，形成著名的五七炮弃双兵对反宫马进炮封车变例。双方对攻激烈，战局错综复杂。黑方以下主要有炮2平3和卒3平2两种变化，分述如下。

着法1：炮2平3

⑩……　　　　　炮2平3

⑪车八进九

黑方平炮攻相，红方弃相兑车，双方对抢先手。此时红方另一种后中有先的走法是车八平九，则炮6进4，车二平七，马3进4，车七平六（如兵五进一，则炮6平7，黑方可战），马4进2，马九进七，马2进3，车九进二，炮6平3，车九平七，炮3退2，黑方可战。

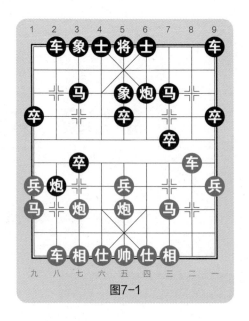

图7-1

⑪……　　　　　炮3进3

⑫仕六进五　马3退2　　⑬炮五进四　士6进5

⑭炮五退一　马2进3

双方各有顾忌。

着法2：卒3平2

⑩……　　　　　卒3平2　　⑪兵九进一　炮6进4

黑方肋炮支援兵林线，战势紧张，如卒2平1，则车二平九，马7进6，车九平七，炮6平7，炮七进五，炮7进5，双方子力简化，趋于平稳。

⑫车二平八　车2进5　　⑬马九进八　炮6平7

⑭马八进七

红方进马对攻，如走相三进一，则马3进2，兵五进一，炮2平6，马八进六，马2进4，马六进八，车9进1，黑方可以抗衡。

⑭……　　　　　象5进3

黑方如炮7进3轰相，则仕四进五，炮2平3，马七进五，象3进5，炮七进五，对攻中红方速度更快。

⑮相三进一　车9进1　　⑯兵五进一　车9平2（双方互缠）

例局2 红进三兵式（2）

① 炮二平五　马2进3　　② 马二进三　炮8平6

③ 车一平二　马8进7　　④ 兵三进一　卒3进1

⑤ 马八进九　象7进5　　⑥ 炮八平六　车1平2

⑦ 车九平八

双方形成五六炮进三兵对反宫马左象的布局定式。布局风格相对稳健。如图7-2，黑方主要有炮2进4和士6进5两种走法，分述如下。

着法1：炮2进4

⑦ ……　　　炮2进4

⑧ 马九退七

红方退边马捉炮打破黑炮封锁，是腾挪子力的典型手段。

⑧ ……　　　炮2退1

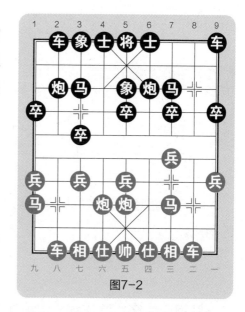

图7-2

黑方另如走炮2进2（不能走炮2平5，否则红方炮五进四反将，士6进5，车八进九，马3退2，马三进五，黑方丢子），马三进四，士6进5，马四进五，马3进5，炮五进四，红方先手。

⑨ 兵九进一

红方如走车二进六，则士6进5，车二平三，车9进2，车三平四，炮6退2，黑方棋势厚实，足可应战。

⑨ ……　　　士6进5　　⑩ 车八进三

双方对峙。

着法2：士6进5

⑦ ……　　　士6进5

黑方上士巩固阵营，伺机反击。

⑧车八进四

红方如车八进六，则炮6进1，车八退二，炮2平1，车八平六，对峙中，红方先手。

⑧……　　　炮2平1　　⑨车八进五　马3退2

⑩炮五进四　马2进3　　⑪炮五退一　车9平6

双方互缠。

例局3　红进七兵式

①炮二平五　马2进3　　②马二进三　炮8平6

③车一平二　马8进7　　④兵七进一　卒7进1

⑤炮八进四

红方八路炮过河窥视中卒，可争得左马正跳的机会，加强中心区域的对抗。

⑤……　　　象3进5　　⑥马八进七　士4进5

⑦炮八平五

红炮夺中卒，着法强硬。另如走马七进六，则卒3进1！兵七进一，车1平4，车二进四，车9平8，车二平四，象5进3，黑方足可一战。

如图7-3，黑方主要有炮6进5和马3进5两种走法，分述如下。

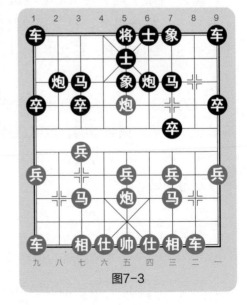

图7-3

着法1：炮6进5

⑦……　　　炮6进5

⑧马七进六　车1平4

⑨车九平八　车4进5

⑩前炮平九

黑方肋炮反击，红方弃子抢攻也是势在必行。

⑩……　　　　炮2进4

黑方主动弃还一炮，简化局势，稳健。如改走炮2进5，则炮九进三，车4进1，仕四进五，车4平1，仕五进四，炮2平4（如炮2平6打仕，则车八进九，士5退4，车八平七，马3进5，车七平八，马5退3，车八平七，黑方犯规，强制变着），车八进二，炮4退1，车八平九，车1进1，相七进九，车9平8，车二进九，马7退8，兵五进一，红方残局易走。另如走炮2退2，则车二进七，车9进2，车二平一，象7进9，仕四进五，炮6退2，炮五进五，士5退4，车八进七，红方有攻势。

⑪车八进三　马3进1　　⑫车八进三　车9平8

⑬车二进九　马7退8　　⑭车八平九　车4平3

红方先手，黑方也可周旋。

着法2：马3进5

⑦……　　　　马3进5　　⑧炮五进四　车1平3

⑨车九平八　卒3进1　　⑩兵七进一　车3进4

黑方简明马换炮，右车从象位兑卒杀出，是稳健的走法。

⑪马三退五（双方互缠）

例局 4　五六炮式

① 炮二平五　马2进3

② 马二进三　炮8平6

③ 车一平二　马8进7

④ 炮八平六　车1平2

⑤ 马八进七

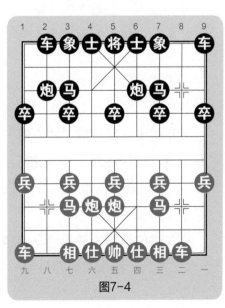

图7-4

如图7-4，双方形成五六炮正马对反宫马布局的基本阵形。黑方主要有炮 2 平 1 和卒 7 进 1 两种走法，分述如下。

着法 1：炮 2 平 1

⑤……　　　　炮 2 平 1　　　⑥兵七进一　卒 7 进 1

⑦马七进六　士 6 进 5　　　⑧车二进六

红方进过河车增强攻击力，保持局面的复杂。如改走车九进二，则车 9 平 8，车二进九，马 7 退 8，炮六平七，象 7 进 5，车九平八，车 2 进 7，炮五平八，炮 1 进 4，炮七进四，双方大斗无车残局。

⑧……　　　　象 7 进 5

黑方如车 9 平 8，则车二平三，炮 6 退 1，黑方变阵为屏风马对抗，以下马六进七，车 2 进 3，兵七进一，炮 6 平 7，车三平四，炮 1 退 1，马七退五！车 2 进 2，炮六平七！双方对抢先手中，红方占优。

⑨车二平三　车 9 平 7　　　⑩车九进二

红方高车蓄势待发，如直接马六进四，则马 7 退 9，车三平一，马 9 进 7，马四进六，炮 6 退 1（黑方退炮正确，如马 7 进 9 吃车，则马六进七，将 5 平 6，炮五平四，炮 6 进 7，炮四退一绝杀，红胜），车一平四，炮 1 退 1，车九进二，车 2 进 4，红马过于深入，未必有利。

⑩……　　　　马 7 退 9　　　⑪车三平一　马 9 进 7

⑫车一退二（红方先手）

着法 2：卒 7 进 1

⑤……　　　　卒 7 进 1　　　⑥车九平八　卒 3 进 1

黑方再进 3 卒布成"两头蛇"之势。如改走车 9 进 1，则车二进六，车 9 平 4，仕四进五，车 4 进 5，车二平三，炮 6 退 1，车八进七，车 2 进 2，车三进一，炮 6 平 5，车三进二，红方易走。

⑦车八进四

红车占位巡河，兑兵活马，符合棋理。如改走车八进六，则士 6 进 5，车二进六，双车过河亦是另一种战法。

⑦……　　　　象 7 进 5　　　⑧兵七进一　卒 3 进 1

⑨车八平七　马7进6　　⑩马七进六

红方如走车二进六，则士6进5，车二平四，马6进7，黑方可以抗衡。

⑩……　　　　马6进4　　⑪车七平六　士6进5

⑫车六平八（红方先手）

例局5　红冲中兵式

①炮二平五　马2进3　　②马二进三　炮8平6

③车一平二　马8进7　　④兵五进一

红方左翼子力不动，先进中兵，从中路进攻的意图非常明显。

④……　　　　炮6平5

黑方还架中炮，抑制红方中路的攻击是针锋相对的走法。也可采取中路补士象的走法来稳固局势。

⑤马八进七

红方启动左翼，蓄势待发。大家可以看到双方转为顺炮局，红方多走一步兵五进一，这步棋能否发挥足够高的效率，也是双方布局争夺的焦点问题。

⑤……　　　　卒7进1

黑方进7卒，7路马伺机跳出来兑掉红方中路进攻的子力，是常见的走法。如走炮5进3，则马三进五，卒5进1，仕六进五，马3进5，马五进三，黑势虚浮，红方易走。

⑥车二进六

红方右车过河，加强控制力。另可选择兵七进一，马七进五，炮八退一等走法。

⑥……　　　　车9进2

如图7-5，黑方接走高车防护，严阵以待，正着。如改走马7进6，则兵五进一，炮5进2，马三进五，红方主动。另如走卒3进1，则车二平三，马3进4，兵五进一，炮5进2，马七进五，马4进5，炮五进三，卒5进1，炮八平五，红方易走。

⑦兵五进一

红方如先马七进五，则马7进6，兵五进一，马6进5，马三进五，卒3进1，黑方足可对抗。

⑦……　　　　卒3进1

⑧仕六进五　炮2退1

⑨马三进五　炮2平5

⑩车九平八　车1平2

双方对抢先手。

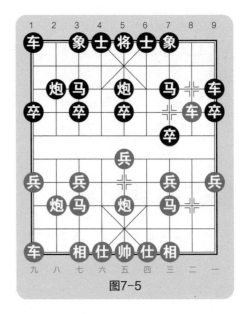

图7-5

第二节　中炮横车冲中兵对反宫马

例局

①炮二平五　马2进3　　②马二进三　炮8平6

③车一进一　马8进7　　④车一平四　车9平8

⑤马八进七　士4进5　　⑥兵五进一

如图7-6，是中炮横车冲中兵对反宫马布局的基本阵形。红方起横车占肋牵制黑方士角炮，然后左马正起，冲中兵向黑方中路及右翼发起攻势。黑方以下主要有卒3进1和炮6平5两种走法，分述如下。

着法1：卒3进1

⑥……　　　　卒3进1　　⑦马七进五　车8进4

黑车巡河，严阵以待。另如走马3进4，则兵五进一，马4进5，

马三进五，炮6平5，炮五退一，
卒5进1，炮八平五，炮5进4，
后炮进二，炮2平5，前炮进四，
象7进5，车九平八，卒7进1，
车八进六，红方先手。

⑧兵七进一　　象3进5

⑨兵五进一　　卒5进1

⑩兵七进一　　象5进3

⑪车四进五　　象3退5

双方互缠之势。

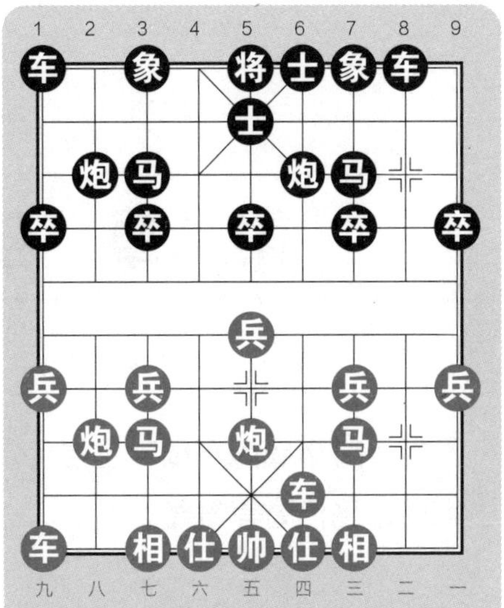

图7-6

着法2：炮6平5

⑥……　　　　炮6平5　　　⑦马七进五　　炮2进4

黑方伸炮过河，伺机破坏红方连环马来削弱红方的中路攻势，是一
种典型的战术手段。

⑧车四进五

红方进车卒林，攻击目标指向黑方7路马。亦可走炮八退一加强中
路火力支援。此时如直接走兵五进一，则卒7进1！马五进六，炮5进
2，仕六进五，象3进5！马六进七，车1进2！黑方反夺主动。

⑧……　　　　卒3进1　　　⑨车四平三　　炮2平5

黑方此时以炮换马次序正确，如随手走车8进2，则兵七进一，马
3进4，兵五进一，马4进5，马三进五，红方先手。

⑩马三进五　　车1平2　　　⑪炮八平六　　马3进4

⑫马五进三

红方如走炮六进二，则车2进5，兵七进一，车2进1，兵七进一，
车2平5，兵七平六，炮5进3，炮五退一，车5平4，相七进五，炮
5进3，仕六进五，车4退1，车三进一，双方子力拼尽，和棋。

⑫……　　　　炮5进3　　　⑬仕六进五　　车8进2

双方各有顾忌。

第八章　挺兵对卒底炮

挺兵对卒底炮布局，是当今流行的布局。双方棋形未定，红方可转中炮局、飞相局等布局。

第一节　挺兵转右中炮对卒底炮右象

例局1　红炮打中卒

①兵七进一　炮2平3　　②炮二平五　象3进5

红方后补右中炮，黑方无法在不损失步数的情况下构成屏风马阵形，此时黑方中路该如何防守呢？当下以飞中象"担子炮"的方式应对最为流行。

③炮五进四

红方炮打中卒是直观捞实惠的走法。另有马八进九、仕六进五、马二进三、马八进七等布局走法，以下分局进行介绍。

③……　　　士4进5

如图8-1，红方主要有相七进五和车一进二两种走法，分述如下。

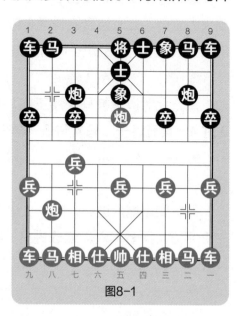

图8-1

着法1：相七进五

④相七进五

红方顺势飞相，形成厚实的棋形。

④……　　　　马2进4　　　⑤炮五退一　车1平2

⑥马八进六　车9进1

黑方乘机加快大子的出动。如改走卒7进1，则马二进三，卒9进1！车九平八，车9进3，黑车占据卒林要道，不足之处是边卒也在红方中炮射程之内。

⑦马二进三　车9平6　　　⑧兵三进一

红方进三兵是稳正的走法，如车九平八，则车2进4，兵五进一，车6进4，炮八进二，车6进1，黑方先诱起红炮后再抢占兵林线，双方亦有纠缠。

⑧……　　　　车2进4　　　⑨兵五进一　车6进5

⑩车一进一　马8进7

红方多中兵，黑方双车出动较快，互缠局面。

着法2：车一进二

④车一进二　卒3进1　　　⑤车一平六

红方高边车快速左移，集结优势兵力在黑方右翼，着法别具一格。

⑤……　　　　卒3进1　　　⑥相七进五　炮3退2

黑方此时棋路选择较多，退炮让出马位，可便于右翼调整阵型。亦可选择马8进7、卒7进1等走法。

⑦炮五退一　马2进3　　　⑧相五进七　马8进7

正着！黑方如炮3进5贪相，则马八进六，炮3平8，车九平七，车1平2，车六进四，黑方左翼行动迟缓，红方易走。

⑨马八进六　车9平8　　　⑩车九平八　卒7进1

⑪马二进三　车1平2（双方均势）

例局 2 红左马屯边

① 兵七进一　炮 2 平 3

② 炮二平五　象 3 进 5

③ 马八进九

如图 8-2，红方左马屯边，避开黑方冲 3 卒的威胁，是比较稳健的走法。黑方主要有车 9 进 1 和卒 7 进 1 两种走法，分述如下。

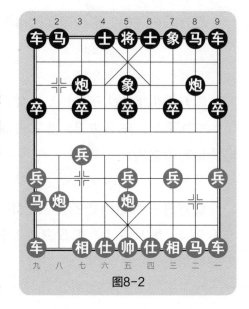

图8-2

着法 1：车 9 进 1

③ ⋯⋯　　　车 9 进 1

卒底炮右象格局中，黑方左车横出右移是最重要的一条行棋路线。

④ 马二进三

红方如炮五进四打中卒阻止对方横车过宫，则士 4 进 5，马二进三，马 2 进 4，炮五退一，车 9 平 6，兵三进一，车 1 平 2，车九平八，车 2 进 4，双方互缠。

④ ⋯⋯　　　车 9 平 4　　⑤ 车一平二　士 4 进 5

⑥ 车九平八　车 4 进 3　　⑦ 仕六进五

红方如兵三进一，则马 2 进 4，马三进四，车 4 平 6，炮八进二，炮 3 平 2，车八平九，马 8 进 9，炮五平四，车 6 平 5，兵五进一，车 5 平 4，马四进三，车 1 平 3，黑方可以抗衡。

⑦ ⋯⋯　　　马 8 进 9　　⑧ 炮八平六　卒 9 进 1

⑨ 车二进六（双方对峙）

着法 2：卒 7 进 1

③ ⋯⋯　　　卒 7 进 1

黑方进 7 卒，两翼子力均衡发展，如先走马 8 进 7，红方则多了抢先兵三进一制马的选择。

④马二进三　马 8 进 7　　⑤车一平二

红方如车九平八先动左翼，则车 9 平 8，炮八平六，马 2 进 4，车八进八，马 4 进 6，黑阵具有弹性，足可一战。

⑤……　　　　车 9 平 8　　⑥车二进四　士 4 进 5

⑦车九平八　炮 8 平 9　　⑧车二进五　马 7 退 8

红方如车二平六避兑，则马 2 进 1，兵九进一，车 1 平 2，也是对抗之势。

⑨炮五进四　马 8 进 7　　⑩炮五退一　马 2 进 4

⑪相七进五　马 4 进 5（双方互缠）

例局 3　红补左仕

①兵七进一　炮 2 平 3

②炮二平五　象 3 进 5

③仕六进五

如图 8-3，红方补左仕，同样避开了对方卒 3 进 1 的威胁，并为本方左马正跳创造了机会。黑方主要有马 8 进 7、马 2 进 4、卒 7 进 1 三种走法，分述如下。

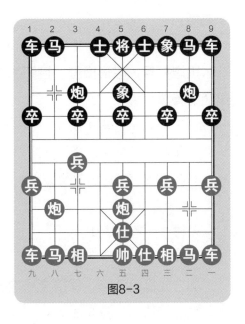

图 8-3

着法 1：马 8 进 7

③……　　　　马 8 进 7

④马二进三　车 9 平 8

⑤兵三进一　炮 8 平 9　　⑥炮八平六　马 2 进 1

⑦马八进七　车 1 平 2　　⑧马七进六

行棋至此，红方"两头蛇"马路开阔，黑方则双车出动较快，双方各有所得。

⑧……　　　　士4进5　　⑨马六进五　马7进5

⑩炮五进四　卒3进1　　⑪兵七进一　车8进4

⑫车一平二　车8平3

黑方弃3卒再升巡河车吃回红兵，先弃后取可达到加快子力出动速度的目的，战术颇为典型。

⑬相七进五（双方均势）

着法2：马2进4

③……　　　　马2进4　　④炮八平六　车1平2

⑤马八进七　卒7进1　　⑥马二进三　炮8平7

⑦马七进六

红方仕角炮辅以河口马形成良好的棋形关系，并对黑方的拐角马有所震慑。

⑦……　　　　车9进1　　⑧车一平二　炮7进4

黑炮打兵，移形换位。接下来左翼可以进正马加强中路的防守，是灵活的着法。

⑨马六进五　马4进5　　⑩炮五进四　士4进5

⑪相三进五　马8进7　　⑫炮五退二　车9平6

⑬车二进六　炮3平4　　⑭车二平七　车6进3（双方互缠）

着法3：卒7进1

③……　　　　卒7进1

黑方先挺起7卒，保持全局均衡的走法。

④马二进三　马8进7　　⑤车一平二　车9平8

⑥车二进四　马2进4

黑方如改走炮8平9，则车二进五，马7退8，炮五进四，士4进5，兵五进一，马2进4，炮五平六，双方对抢先手。如走士4进5稳固中路，则马八进七，炮8平9，车二平四，双方对峙。

⑦马八进九　车1平2　　　⑧车九平八　士4进5

⑨炮八进六　炮8平9　　　⑩车二平六　炮3平4（双方对峙）

例局4　红进右马

①兵七进一　炮2平3　　　②炮二平五　象3进5

③马二进三

红方按部就班正常跳马，不怕黑方3卒过河，意在弃兵换先，加快大子的出动速度。

③……　　　　　卒3进1

黑方冲3卒发挥卒底炮的威力，破坏对方顺畅的出子是首选走法。另一种常见的走法是车9进1，准备左横车右移，加强右翼，则车一平二，车9平2，马八进七，马2进4，双方互缠之势。

④车一平二　卒3进1

如图8-4，红方主要有马八进九和相七进九两种走法，分述如下。

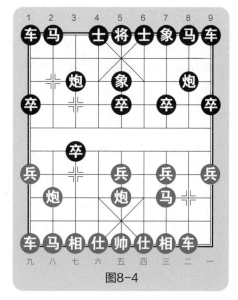

图8-4

着法1：马八进九

⑤马八进九

红方左马屯边，经典走法。

⑤……　　　　　车9进1

黑方左横车准备移至右翼形成"大兵团"作战，变化丰富，是主流走法。另如马2进4，则车九平八，士4进5，炮八平六，马4进3，炮五进四，卒3平2，相七进五，马8进7，炮五平四，车9平8，车二进六，车1平2，双方互有顾忌。

　　⑥车九平八

　　红方如车二进四，则车9平4，车二平七，车4进2，黑方放弃过河卒获得对抗之势。

　　⑥……　　　　　车9平4　　　⑦炮五进四　士4进5

　　⑧炮五平一　马8进9

　　黑方左马进边路，不给红方沉底炮的机会。另一种变化是马2进1，则炮一进三，马8进9，炮八平五，马1进3，车八进六，马3进4，仕六进五，马4进5，相七进五，车4进3，车二进六，红方先手。

　　⑨车二进四　卒7进1

　　黑方放弃过河卒，准备开动右翼子力，平衡发展，是被采用较多的走法。另如卒3进1，则炮八平四，卒3平4，炮四进六，车4进3，车八进八，红方借追击过河卒争先，压制住黑方右翼子力，红方有利。

　　⑩车二平七　车4进2　　　⑪炮一退二　马2进4

　　⑫仕六进五　车1平2

　　红方多兵，黑势颇具活力，双方互缠之势。

　　着法2：相七进九

　　⑤相七进九

　　红方飞边相打破常规，便于接下来跳拐角马向中心区域发展，是近几年流行的变化。

　　⑤……　　　　　卒3进1

　　黑方继续进卒，保留过河卒。亦可车9进1或马2进4，同样是可战局面。

　　⑥炮五进四

　　红方如走马八进六，则卒3进1，炮八进四，马2进4（如卒3平4，红方可炮五进四打将，再马六进八腾挪子力），马六进七，马8进9，仕六进五，车1平2，马七进六，车9平8，双方各有顾忌。

⑥……　　　　　士4进5　　　⑦炮五退二　马2进4

⑧马八进六　卒3进1　　　⑨炮八进四　车1平2

⑩车九平八　卒3平4　　　⑪马六进四　车9进1（双方混战）

例局5　红弃马局

①兵七进一　炮2平3　　　②炮二平五　象3进5

③马八进七

红方马八进七不惧黑方卒底炮威胁，迎难而上，是近年来开创出的革新布局变化。

③……　　　　　卒3进1　　　④兵七进一　炮3进5

黑方不甘示弱，进3卒争先。如图8-5，第4回合红方即弃掉一马，战略性高级弃子，这是一路冒险搏杀的下法。

⑤炮五进四　士6进5

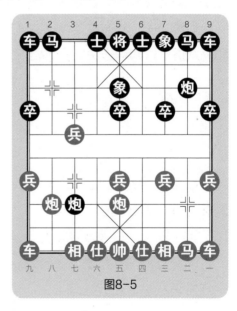

图8-5

士象方向的不同，会影响战斗的方向。黑方如士4进5，则车一进二，炮3退1，车一平七，红方子力集结到黑方较为空虚的右翼，混战之下，黑方防守压力更大。

⑥车一进二　炮3退1

⑦车一平七　马2进4

黑马捉炮看红方动态，亦可先炮3平7。

⑧炮五平八

红方平炮封锁，同时对黑方底线有所威慑，正着。如走炮五退一，则车1平2，黑车开出后对红方牵制较大。

⑧……   炮3平7   ⑨车九进一

局面错综复杂，优劣难辨。

第二节　挺兵转左中炮对卒底炮后补列炮

例局

①兵七进一　炮2平3

②炮八平五　炮8平5

红方还架左中炮，与右中炮相比各有特点。黑方以列手炮应战，强子出动速度较快，是积极的走法。

如图8-6，红方主要有马二进三和马八进七这两种走法，分述如下。

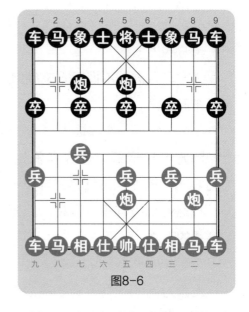

图8-6

着法1：马二进三

③马二进三　马8进7

④车一平二

红方如马八进七，则车9平8，车一平二，车8进5，车九平八，马2进1，黑方满意。

④……   卒3进1

黑方立即冲卒反击，是针锋相对的走法。如走车9进1或马2进1，则红方马八进七正起左马。

⑤马八进九　卒3进1   ⑥车九平八　车9平8

黑方出直车走法积极，另有两种走法：

（1）车9进1，则仕六进五，车9平4，炮二进四，马2进1，双方互缠。

（2）马2进1，则炮二进四，卒7进1，车二进四，车9平8，车二平七，车8进3，车七进三，以下黑方马7进6或车8进3，双方对抢先手。

⑦车八进八　车8进6　　　⑧炮二平一　车8平7

⑨车二进二　炮3进7　　　⑩仕六进五　炮3退2

⑪马九退八　炮3平7　　　⑫炮一平三　炮5进4

黑方足可一战。

着法2：马八进七

③马八进七　马8进7　　　④马二进一　车9平8

⑤车一平二　马2进1　　　⑥车九平八

红方如走仕六进五，则车1平2，马七进六，士6进5，马六进五，马7进5，炮五进四，车2进6，炮二进一，炮3进3，双方各有顾忌。

⑥……　　　　卒3进1

黑方弃卒争先，形成反击态势，很典型的战术手段。

⑦兵七进一　车8进4　　　⑧兵七平八　车1平2

黑方另一种走法是卒1进1，则兵八进一，车8平3，兵八进一！炮3进5，炮二平七，车3进3，车二进六，红方弃子争先，局面复杂。

⑨兵八进一　车8平3　　　⑩马七退九

红方如车八进二保马，则子力受到牵制，索性退边马力保过河兵，做进一步纠缠。此时切不可马七进六，否则黑方炮5进4，红方底线有弱点，难以应付。

⑩……　　　　卒1进1　　　⑪仕四进五（双方互缠）

第三节　挺兵转飞右相对卒底炮

例局

①兵七进一　炮2平3　　　②相三进五

红方飞相联防，削弱黑方卒底炮的威力。

②……　　　马2进1

③马八进七　车1平2

如图8-7，红方主要有车九平八和马七进六这两种走法，分述如下。

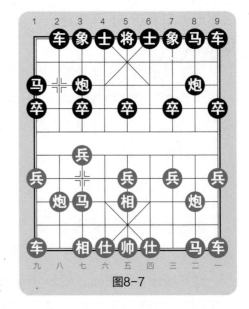

图8-7

着法1：车九平八

④车九平八　炮8平5

黑方反补中炮是力争主动的走法，也可走车2进4或炮8平4。

⑤炮八进四　马8进7　　　⑥炮二平四　车9平8

红方平仕角炮准备布成反宫马阵式。如改走马二进一，则车9平8，车一平二，车8进4，炮二平三，车8平4，车二进四，双方对峙。

⑦马二进三　卒3进1

黑方弃卒争先，战术思路清晰。

⑧兵七进一　车8进4　　　⑨兵七平八　车8平6

黑方如走卒1进1，则车一平二，车8平6，炮八平三！车6进3，炮三进三，士6进5，兵八进一，红方弃子争先，局面复杂。

⑩仕四进五　卒7进1　　　⑪兵九进一　车2进1

⑫车一平二　车2平4　　　⑬车二进四　马1进3（双方互缠）

着法2：马七进六

④马七进六

红方急进河口马抢占制高点，威胁对方中路，同时也避免了以后左翼子力被黑方直车牵制。

④……　　　马8进7

黑方跳马策略稳健，如炮 8 平 5，则马六进五，炮 3 退 1，双方形成混战局面。

⑤车九进一　象 7 进 5　　⑥车九平四　士 6 进 5

黑方连续补士象是较为厚实的走法。

⑦车四进五

红方肋车进卒林线，准备配合盘河马实施谋卒战术。如兵三进一，则车 2 进 4，双方相持。

⑦……　　　　车 2 进 4

黑方高车巡河试探红方应手，如卒 7 进 1，则马二进四，车 9 平 6，车四进三，士 5 退 6，兵三进一，卒 7 进 1，车一平三，卒 7 平 6，车三进六，红方先手。

⑧炮八平六　车 9 平 6

黑方如改走卒 7 进 1，则马六进五，马 7 进 5，车四平五，红方先手。另如走卒 3 进 1，则兵七进一，车 2 平 3，兵三进一，红方先手。

⑨车四平三　卒 3 进 1　　⑩兵七进一　车 2 平 3

⑪仕四进五　炮 8 退 2　　⑫马二进三（双方互缠）

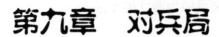

第九章　对兵局

①兵七进一　卒 7 进 1　　②炮二平三

对兵局，双方棋形未定，均可根据对方的不同应法，灵活地选择多种阵势。红方兵底炮式，马上有冲三兵手段，布局特色鲜明。此时如选择马八进七、相三进五、炮二平五、炮八平五等走法，则有可能形成其他布局中的体系。

②……　　　　炮 8 平 5

黑方架左中炮，意图逼红方防守中路，再左马正跳削弱红方兵底炮的威力，合乎棋理，是颇具对抗性的应着。黑方另有象 7 进 5 和象 3 进 5 的走法。

如图 9-1，红方主要有炮八平五、马八进七、兵三进一三种走法，分述如下。

着法 1：炮八平五

③炮八平五　　炮 5 进 4

双方布局转为列炮局。黑炮打中兵抢先求变。另如走马 8 进 7，

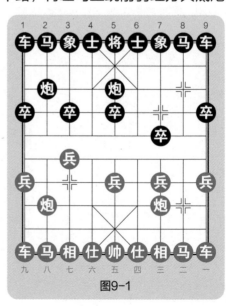

图9-1

则马八进七，马2进1，车九平八，车1平2，马二进一，车9平8，兵一进一，红方先手。

④仕四进五

红方如走仕六进五，则象3进5，马八进七，炮5退2，马二进一，车9进2！车九平八，马2进4，车一平二，车9平8，车二进七，炮2平8，黑方可以抗衡。

④……　　　象3进5　　　⑤马八进七　炮5退2

⑥车九平八　马2进4　　　⑦马二进一　马8进7

⑧车一平二　车1平2

稳健的走法是车9平8，则车二进九，马7退8，黑方子力速度虽落后，但阵型没问题，也可抗衡。

⑨车八进三　炮2平3　　　⑩车八平六　车9进1

双方互缠。

着法2：马八进七

③马八进七

红方跳马护中兵，顺理成章，变化更为丰富。

③……　　　马8进7　　　④相七进五　马7进6

黑方跃马河口占据制高点，威胁红方中兵，是比较积极的走法。也可马2进1或车9平8，均有纠缠。

⑤仕六进五　马6进5

黑马直取中兵，着法简明。如走车9平8，则马二进一，马2进3，车一进一，马6进5，马七进五，炮5进4，车一平四，象3进5，黑3路马较弱，红方先手。

⑥马七进五

红方也可考虑车九平六，双方也是互缠之势。

⑥……　　　炮5进4　　　⑦炮三进三　车9平8

⑧马二进三　炮5退2　　　⑨车九平六　炮2平6

黑方平炮可形成较为协调的阵型。

⑩车一进一　马2进3　　⑪车一平四　士4进5

双方均势。

着法3：兵三进一

③兵三进一　炮5进4

红方"弃空头"而选择三路突袭，战法强硬！布局未几，双方就展开激烈对攻。

④马八进七　炮5退2

黑方如走炮5退1，红方可炮八进二兑炮，削弱黑方中路的进攻力量。

⑤兵三进一　马8进7

黑方弃马搏杀，另如走炮2进4，则炮三进七，将5进1，帅五进一，马8进7！炮三平六，将5退1，双方大打出手，也是混战之势。

⑥炮八进四

红方进炮卒林压制，正着。如走炮三进五贪吃马，则炮2进4，兵三平四，炮5进1，帅五进一，车1进2，黑方有攻势。

⑥……　　　车1进1

双方对抢先手，混战之势。

例局2

①兵七进一　卒7进1　　②炮二平三　象7进5

③马二进一　马8进7

黑方正常出子，亦可炮2平3看红方动向。

④车一平二　车9平8　　⑤车二进六　炮8平9

红方右车过河，占据要点。此时也有车二进四，马八进七，炮八平五等变化，也是纠缠之势。

⑥车二进三　马7退8

⑦炮八平五

如图9-2，黑方主要有马2进3和车1进1两种走法，分述如下。

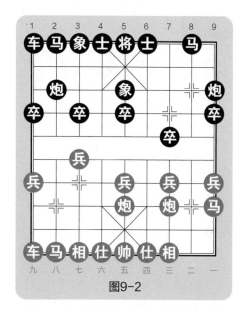

图9-2

着法1：马2进3

⑦……　　　　马2进3

黑方如走马8进7，则马八进七，马2进1，车九进一，车1平2，车九平三！士4进5，兵三进一，卒7进1，炮三进五，炮2平7，车三进三，炮7进2，炮五进四，车2进4，相七进五，红方占优。

⑧车九进一

红方左车横出，攻击黑方左翼，行棋方向正确。

⑧……　　　　车1进1　　　⑨车九平二　马8进6

⑩马八进七　车1平4

红方先手。

着法2：车1进1

⑦……　　　　车1进1

黑方快速出车，出子效率很高。

⑧炮五进四　士6进5　　　⑨车九进一

红方如走相七进五，则车1平3，马八进七，卒3进1，兵七进一，车3进3，黑方可以抗衡。

⑨……　　　　马2进3　　　⑩炮五退一　车1平4

⑪车九平二　马8进6　　　⑫马八进七　车4进5

双方互缠。

例局 3

① 兵七进一　卒7进1

② 炮二平三　象3进5

③ 马二进一　马8进7

④ 车一平二　车9平8

⑤ 车二进四

红方亦可走马八进七，徐图发展。

⑤……　　　炮8平9

如图9-3，红方常见的有车二进五和车二平四两种走法，分述如下。

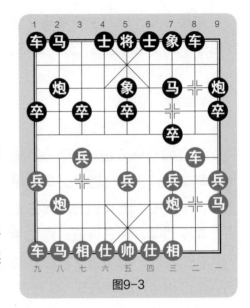

图9-3

着法1：车二进五

⑥ 车二进五　马7退8　　⑦ 炮八平五

红方反架中炮，力争主动。

⑦……　　　马2进4

黑方跳拐角马，阵形具有反弹力。如走马2进3，则车九进一，士4进5，车九平二，马8进7，兵三进一，马7进6，车二平四！马6进5，车四进二，马5退3，兵三进一，红方易走。

⑧ 车九进一

红方横车行棋方向正确，如马八进七，则车1平3，黑方下一步兑3卒，黑车即可杀出，反先之势。

⑧……　　　士4进5　　⑨ 车九平六　车1平4

⑩ 马八进七　炮2平3

黑方满意。

着法 2：车二平四

⑥车二平四

红方如走车二平六，则黑方马 2 进 1 或马 2 进 3，也是互缠之势。

⑥……　　　马 2 进 4　　　⑦相七进五

红方如走马八进七，则车 1 平 3，相七进五，卒 3 进 1，兵七进一，车 3 进 4，仕六进五，双方对峙。

⑦……　　　车 1 平 3　　　⑧马八进六

红方跳拐角马遏制黑方 3 路线通车的计划。

⑧……　　　卒 3 进 1　　　⑨炮八平七　　炮 2 平 3

⑩车九平八

双方对峙。

第十章 飞相对左中炮

①相三进五　炮8平5　　②马二进三　马8进7

③车一平二　车9平8　　④马八进七

至此，形成飞相对左中炮布局中最常见的一个局面。红方相起中宫，布以屏风马阵型，棋势厚实，堂堂正正之势对抗黑方中炮局。黑方以下主要有卒7进1、马2进1、炮2平4三种走法。

④……　　　卒7进1

黑方进7卒畅通马路，舒展己方左翼。

如图10-1，红方以下主要有兵七进一和炮八平九两种走法，分述如下。

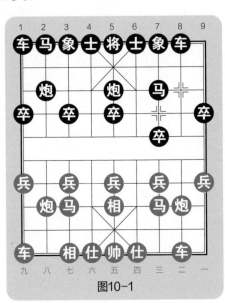

图10-1

着法1：兵七进一

⑤兵七进一

红方挺兵活马，保持均衡发展，是布局常见的思路。

⑤……　　　炮2平3

黑方平炮窥马，具有针对性的走法，逼红方表态。

⑥马七进八

红方进外马的意图是避免黑炮威胁并封锁黑方右车路线。如改走马七进六，则马2进1，车九平八，车1平2，炮八进四，车8进6，双方互缠之势，各有千秋。

⑥……　　　马7进6

此局面为五七炮进三兵对屏风马布局的阵形，只不过是先手方走屏风马，后手方走中炮。先手屏风马方即使是多走一步中相，变化仍然十分微妙与复杂。

⑦仕四进五

红方补仕，稳固中路。此时也可选择仕六进五，车九进一等走法。

⑦……　　　马6进5

黑方马踩中兵，着法简明。如改走卒1进1，车8进6，炮5平9，炮3退1等着法，双方继续保持纠缠。

⑧炮二平一　车8进9　　⑨马三退二　炮3退1

黑方退3路炮走法灵活，视红方出子的动向活通右翼子力。此时如改走马2进1，则兵九进一，车1进1，车九进三，红方先手。另如走车1进1，则炮八进七，车1平2，马八进九，车2进2，车九进二，车2平1，车九平六，士6进5，炮一进四，红方易走。

⑩车九进一

黑马没有定位，红方现在如果再走兵九进一，黑方可以选择马2进3，以下车九进三，马5退4，马八进七，炮3进2，兵七进一，炮3平4，兵七平六，马3进4，黑方足可一战。

⑩……　　　马2进1　　⑪马二进四　车1进1

双方均势。

着法2：炮八平九

⑤炮八平九

红方平边炮，抢出左车。

⑤······　　　　　马 2 进 1

黑方如走马 2 进 3，则车九平八，车 1 平 2，车八进六，黑方右马受到红车威胁。

⑥车九平八　　炮 2 平 3

黑炮平 3 路，具有针对性，抑制红方七路马的活跃。如走车 1 平 2，则兵七进一，红方先手。

⑦车八进五

红车骑河捉卒，是重要的攻击点。如炮二进四，则车 1 平 2，车八进九，马 1 退 2，红方双马不畅通，没便宜。

⑦······　　　　　车 1 平 2

黑方兑车是紧凑着法，如走车 8 进 4，则兵七进一，红方先手。

⑧车八平三　　车 2 进 7　　　⑨马七退五　　卒 1 进 1

⑩兵七进一　　马 1 进 2

双方对抢先手，互有机会。

例局 2　黑边马式

①相三进五　　炮 8 平 5

②马二进三　　马 8 进 7

③车一平二　　车 9 平 8

④马八进七　　马 2 进 1

如图 10-2，黑方右马屯边，快速出动右翼大子，均衡发展。

⑤兵三进一

红方如兵七进一，则车 8 进 4，炮二平一，车 8 进 5，马三退二，车 1 进 1，黑方亦可一战。

⑤······　　　　　炮 2 平 4

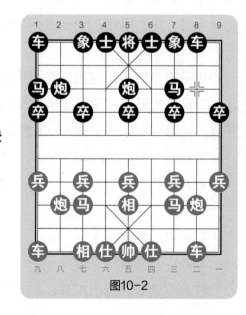

图10-2

⑥车九平八　　车1平2　　⑦仕四进五

红方补仕以逸待劳。也可走炮二进一，准备下一步炮八进二，进而伏有马三进二先手，亦是一种战法。

⑦……　　　　车2进4　　⑧炮八平九　车2平4

黑方如走车2平6，则车八进四，车8进6，兵七进一，士4进5，马七进六，车6平4，兵七进一，车4平3，马三进四，车8退3，互缠之势，红方先手。

⑨兵九进一

红方进边兵制马亦是颇具效率的着法。如走炮二进四，则卒7进1，车八进四，卒1进1，双方对峙。

⑨……　　　　卒1进1　　⑩兵九进一

稳健的走法，红方九路炮不发，可策应右翼。如走炮九进三，则车8进6，车八进四，士6进5，双方互缠之势。

⑩……　　　　车4平1　　⑪车八进四　士6进5

⑫车八平四

对峙局面，红方先手。

例局3　黑平士角炮式

①相三进五　　炮8平5

②马二进三　　马8进7

③车一平二　　车9平8

④马八进七　　炮2平4

⑤车九平八　　马2进3

黑方先平士角炮，再跳正马增加中心区域的对抗性，变化更为丰富。如图10-3，红方以下主要有炮八平九和炮二进四两种走法，分述如下。

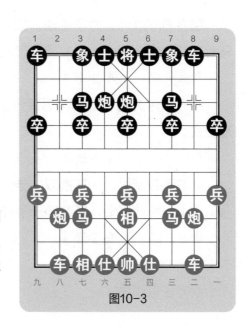

图10-3

着法 1：炮八平九

⑥炮八平九　　卒 3 进 1

黑方进 3 卒，子力协调。如走卒 7 进 1，则兵七进一，车 8 进 6，黑方右翼局促，子力不畅。红方以下车八进五，马七进六，炮二平一等走法均可稳占主动。

⑦兵三进一　　车 8 进 4　　　⑧炮二平一

红方平炮兑车，自然应对。另有车八进六，车八进四，马三进四等走法。

⑧……　　　　车 8 进 5　　　⑨马三退二　　车 1 进 1

⑩马二进三　　马 3 进 4

双方均势。

着法 2：炮二进四

⑥炮二进四　　车 1 平 2　　　⑦兵三进一

红方如走炮八进四，则炮 4 进 5，相五退三，炮 4 退 6，双方互缠之势。

⑦……　　　　车 2 进 6

黑方右车过河，力争主动。如走车 2 进 4，则炮八平九，车 2 进 5，马七退八，卒 3 进 1，双方局势缓和。

⑧仕六进五　　车 2 平 3　　　⑨炮八进二

红方抬炮弃马，战术构思深远。如走马七退六，则车 3 平 2，红方无便宜。

⑨……　　　　车 3 进 1　　　⑩炮二平五　　马 7 进 5

黑方不甘示弱，一车换双，走法积极。如走士 4 进 5，则车二进九，马 7 退 8，炮八平七，红方弃子争先。

⑪车二进九　　马 5 进 4　　　⑫马三进四　　车 3 退 1

⑬车二退六　　卒 3 进 1

双方各有顾忌。

第十一章 过宫炮对左中炮

例局

① 炮二平六　炮8平5

红方以过宫炮布局，黑方还架左中炮威胁红方中路，采取以攻为守的策略，是积极的战法。

② 马二进三　马8进7

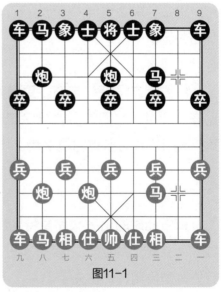

图11-1

如图11-1，红方主要有仕四进五和车一平二这两种走法，分述如下。

着法1：仕四进五

③ 仕四进五

红方补仕，准备再飞相，然后直接从底线开出肋车。

③ ……　　　车9平8　　　④ 相三进五　马2进3

⑤ 车一平四　车8进4　　　⑥ 马八进九　卒3进1

⑦ 炮八进四　卒7进1

黑方进7卒自阻巡河车路，但也破坏了红方打卒的棋。如马3进2，则炮八平三，象7进9，兵三进一，红方先手。

⑧ 兵九进一

红方如炮八平七，则车1平2，车九平八，炮2进5，兵九进一，卒5进1，红方不好把握局面。

⑧……　　　　士4进5　　　⑨炮八平七　象3进1

⑩车九平八　车1平4

黑方足可一战。

着法2：车一平二

③车一平二　车9进1

黑方抬横车极具针对性，准备平肋牵制红炮再从中路及右翼发起攻势。如改走马2进3，则兵七进一，炮2平1，马八进七，车1平2，炮八进二！车2进4，相七进五，车9进1，车二进四，红方阵型不错，仍占先手。

④马八进七

红方起左马变化丰富，更具对抗性。传统的激进走法是车二进六，则车9平4，仕四进五，马2进3，车二平三，卒3进1，相三进五，炮5退1，黑方获得对抗之势。

④……　　　　车9平4　　　⑤仕六进五　马2进3

⑥兵七进一　卒5进1

黑方此时的出子次序要特别注意，如车1进1，则红方兵三进一形成"两头蛇"局面，之后车4进5，炮六平四，车1平6，相七进五，红方阵型协调，仍占先手。

⑦车二进四　车4进5　　　⑧炮六平四

红方移形换位调整阵型，削弱黑方兵林车的威力。如改走相七进五，则左翼子力显得比较臃肿，缺乏活力。

⑧……　　　　车1进1　　　⑨相七进五　车1平6

⑩车九平六　车4进3　　　⑪帅五平六　马7进5

⑫炮八进四　卒5进1　　　⑬兵五进一　车6进3

双方大体均势。

第十二章 仕角炮对右中炮

例局

①炮二平四 炮2平5

黑方以右中炮应对红方的仕角炮布局，着法积极，是此布局中运用最多的一种走法。

②马八进七 马2进3 ③马二进三 马8进9

④车九平八 车1平2

如图 12-1，双方形成仕角炮对右中炮布局中最常见的一种棋形，红方主要有车一平二和兵七进一两种走法，分述如下。

着法1：车一平二

⑤车一平二 车9平8

⑥炮八进六 卒3进1

红方进炮封锁黑方右翼，如改走炮八进四，则卒3进1，车二进五骑河捉卒，卒7进1！车二平三，炮5平6，红方难讨便宜。

此时红方另一路重要变例是炮四进五，则车2进6，炮八平九，车2平3，车八进二，炮8平7，

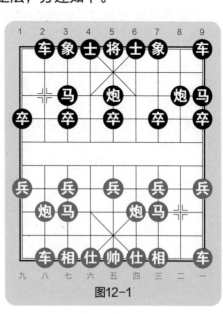

图12-1

车二进九，马9退8，相三进五，双方互缠。

⑦车二进五

红车骑河捉卒，力争先手。如兵三进一，则炮8进4，黑方可以对抗。

⑦……　　　炮5平6　　　⑧炮八平一　车2进9

⑨马七退八　炮8进1

黑方进炮方便左翼子力腾挪，如改走卒9进1，则车二进一，士6进5，炮四平七，象3进5，兵三进一，红方先手。

⑩炮四平七　象3进5　　　⑪炮一退二　卒7进1（黑方满意）

着法2：兵七进一

⑤兵七进一

红方进七兵活马，右车的出路准备另辟蹊径。

⑤……　　　车2进4　　　⑥相三进五　车9平8

黑方如改走卒9进1，则仕四进五，马9进8，兵三进一，车9进1，双方也是纠缠之势。

⑦仕四进五　卒3进1

黑方如炮8平7，则炮四进二，卒9进1，车一平四，双方互缠。

⑧兵七进一　车2平3　　　⑨马七进六　车3平4

⑩炮八平七　车4进1　　　⑪炮七进七　士4进5

⑫炮七平九

红方弃子抢攻，双方各有顾忌。

第十三章　起马对挺卒

例局

①马八进七　卒3进1

如图 13-1，黑方挺卒制马，效率充分，是后手方针锋相对的应法。红方接下来主要有兵三进一、炮二平四、炮八平九这三种走法，分述如下。

着法1：兵三进一

②兵三进一

红方进三兵，为右马正起开道，这是先手方较为常见的下法。

②……　　　　马2进3

③马二进三　车1进1　　④车九进一　车1平7

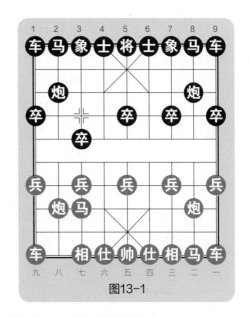

图13-1

红方亦可选择车一进一、相三进五、炮二平一等走法。黑方平车7路准备兑卒活通左翼，是黑方重要的战术思路之一。

⑤炮八进四　马3进2

黑方如卒7进1，则炮八平七，卒7进1，炮七进三，士4进5，车九平八，双方形成混战之势。

⑥马三进四　象7进5　　⑦车九平六　卒7进1

黑方如车7平6，则马四进三，车6进6，炮二进三！车6平3，炮二平八，炮2进2，炮八进三，士6进5，马三进五，红方攻势猛烈。

⑧炮二平五　卒7进1　　⑨炮五进四　士6进5

⑩马四进六（双方对抢先手）

着法2：炮二平四

②炮二平四

红方平仕角炮构成先手反宫马的阵式，欲凭借良好的子力态势，稳中寻求战机，也是风靡一时的走法。

②……　　　马2进3　　③马二进三　马8进9

黑方左马屯边是该局面下被采用较多的下法，如马8进7，则红方顺势兵三进一，一举两得。

④车一平二　车9平8　　⑤兵三进一　炮8平7

黑方兑窝车，伏有冲7卒的先手，亦可车1进1或炮8进4，均是正常布阵。

⑥车二进九　马9退8　　⑦马三进四　卒7进1

⑧相三进五

红方如兵三进一，则炮7进7，仕四进五，车1进1，黑车左移后，有强烈攻势。

⑧……　　　卒7进1　　⑨相五进三　车1进1

黑方抬横车策应左翼，走法稳正。如改走象3进5，则车九进一，士4进5，亦是对抗之势。另如走炮2进3进攻，则车九进一！卒3进1，兵七进一，炮2平6，车九平二，马8进9，车二进六，马3退5，马七进六，红方可弃子抢攻。

⑩车九进一

红方进车正着！如改走相三退五，则炮7平6顺势兑炮，黑方足可满意。

⑩……　　　车1平8　　⑪车九平六　象7进5

⑫车六进三（双方对峙）

着法3：炮八平九

②炮八平九

红方平炮通车，自然之着。

②……　　　马2进3　　③车九平八　车1平2

④兵三进一　炮2进4

红方进三兵不惧黑方封锁，也可以选择车升至卒林线或巡河，黑方则平炮邀兑，局面缓和。

⑤马二进三　马8进9　　⑥炮二进二

红方抬炮巡河，准备兑兵打破黑方封锁。如车八进一再车八平六也是摆脱封锁的一种思路。

⑥……　　　车9进1　　⑦兵七进一　炮2平3

黑方平炮攻相对抢先手，另一种战斗的思路是卒7进1，四兵（卒）相见。

⑧兵七进一　车2进9　　⑨马七退八　车9平2

⑩兵七进一　车2进8　　⑪炮九平五

红方平中炮取势为上，正着。如兵七进一吃马，则车2平3，炮九平五，车3平2，马三退五，炮8平5，马五进七，炮5进4！仕四进五，车2退5，黑方占优。

⑪……　　　车2平3　　⑫车一进一　象7进5

⑬兵七进一　炮8平3　　⑭炮五进四　士6进5

⑮相三进五　车3退2　　⑯车一平六

双方各有顾忌。